**CÍRCULO
DE POEMAS**

Poemas em coletânea

Jon Fosse

Tradução do norueguês por
LEONARDO PINTO SILVA

7 Anjo com lágrimas nos olhos [1986]

45 Movimentos do cão [1990]

89 O cão e o anjo [1992]

171 Novos poemas [1997]

229 Olhos ao vento [2003]

287 Canções [2009]

325 Pedra atrás de pedra / *39 poemas e 1 cântico* [2013]

375 Poesias [2016]

455 NOTA DO TRADUTOR

461 ÍNDICE EM ORDEM ALFABÉTICA DOS TÍTULOS DOS POEMAS

Anjo com lágrimas nos olhos
[1986]

Não está vendo?
Perdeu o seu sonho?

(DITO POR SINDRE QUANDO TINHA TRÊS ANOS.
E COM SUAS PALAVRAS ESTE LIVRO
É DEDICADO A SINDRE.)

1

I
o cavalo, e é noitinha. Cheiro de suor
e neve vermelha no casaco da mãe. Tenho uvas
na boca, um homem fala. Montes de neve
na beira da estrada. As uvas estão num saco preto. Música

oblíqua, e um vento negro. Calor. O violão
é uma janela verde. Gotejam cores dos olhos e minha mãe
[pergunta
por onde andei. Deveria ter chegado
em casa há muito tempo
Ela fica em pé
Caminha pela sala
Você só tem doze anos, ela diz

II
grama amarelada nos ombros. Enveredamos
pela montanha azul, uvas
Ela segura a minha mão
Minha mãe tem terra nos cabelos e
lá longe
grita o meu nome

2

À noite ouço o guincho dos morcegos
Dois cavalos negros galopam pelo prado
O bordo vermelho farfalha
O andarilho avista uma taberna na estrada
Um deleite o vinho fresco e as nozes
Um deleite: cambalear ébrio pela floresta no crepúsculo
Atravessa os galhos negros o lúgubre dobrar dos sinos
No rosto escorre o orvalho

[DEPOIS DE GEORG TRAKL: "Zu Abend Mein Herz"]

3

os dedos, brancos. O papel macio, unhas
vermelhas, a língua
umedece os lábios, botas
pretas
contra o piso bege

4

as mãos negras do trem
sobre os pensamentos. Uma vertigem estilhaçada
e o anjo é o capim-algodão que balança ao vento
e ainda está lá, mas

cacos de silêncio gritam no charco
verde, talvez ainda

haja aquela abóbada lilás. Sacode
devagar, suave como
capim-algodão. Trem. Um anjo toca flauta

enquanto o trem é uma lua turquesa
no coração. Atrás estão as pessoas

com mãos negras
ao longo do braço do violão, e
nas poças do charco está o sangue vermelho

5

Sob salgueiros destroncados brincam crianças morenas
e estalam folhas, soam trompetes. O pavor dos cemitérios
Flâmulas escarlates tremulam pelo luto dos bordos
Cavaleiros cruzam campos de centeio, moinhos vazios

Ou pastores cantam a noite e os cervos
acercam-se em torno da fogueira. O luto ancestral do
                                                    [bosque
Dançarinos ante uma muralha negra
Flâmulas escarlates, gargalhadas, loucura. Trompetes

[DEPOIS DE GEORG TRAKL: "Trompeten"]

6

I
esfrego os cabelos
nos olhos, um gemido

entre mamilos tesos
e as minhas mãos

entre o verde e o azul

II
e minhas asas lilás
encobrem os anjos
bêbados de sêmen

Esfrego sêmen no anjo

Esfrego sêmen em anjos
bêbados de sêmen

entre o verde e o azul

7

atrás da luz
apodrecem as estrelas. Sob o lago
há sonhos, e
a pele são nuvens negras. Na mão
seguro um peixe. Limpo o peixe. O anzol
fica preso no dedo.

8

I
as mãos encontram o reflexo
do rosto rosado
no espelho, e as ruas
me libertam da manhã. Salpicam

os pingos da chuva
no ar branco. O cabelo
é ruivo
e as estrelas são águas
nos olhos de um anjo

II
algo branco lá fora, sob
a chuva. Pensamento
agachado, anéis de fumaça
em torno do pensamento. E o corpo
chuvisca. Vermelho

9

O azul dos meus olhos é engolido pelos olhos
O ouro vermelho no coração
Oh minhas velas como ardem silentes!
Um manto azul me envolve quando sucumbo. Você
Sua boca vermelha detém a noite

[DEPOIS DE GEORG TRAKL: "Nachts"]

10

I
me levanto de uma ânsia marrom, e sozinho pego
o violão. Arranco uma canção do coração
Toco
Ouço o silêncio
Cheira a vazio

II
apalpo meu rosto, estico
os dedos, agarro
o rosto, a pele grita, os olhos se abrem: danço
no ritmo das lágrimas, os dedos grudados ao rosto, e
não consigo abrir as mãos, não consigo fechar os olhos

III
Grito
Ouço um abismo no grito
Uma boca aberta enxergando a si mesma

11

ergo as mãos ao céu branco
esperando a chuva
reteso os dedos e o ar dourado me acaricia a pele
Antes de fechar a porta
A chuva já está vindo
Imóvel tento aparar a chuva com as mãos
Será que devo abrir a porta
Volto a fechá-la, entro

12

cheios de
dedos arroxeados
estão os olhos
que viajam
para dentro e
afundam
afundam-se
no cabelo dourado
do coração. Eu me levanto

13

toca-discos, negro em contraste com as nuvens
acomodado numa mesa estreita. A agulha entra. Uma voz
feminina rouca em torno do copo de cerveja. As costas
rentes à moldura branca da janela. Uma fotografia, um
[quadro
largo e negro em frente ao toca-discos. Um menininho
com um enorme gorro de tricô na cabeça sorri

14

I
O trem no coração é comprido
como o vento, comprido
como uma árvore negra. Minha mãe carrega
o vento em baldes de plástico laranja. Ela esfrega
o chão com movimentos experientes. Meu pai
leva as mãos à cabeça e assobia
para as estrelas
com os olhos. Quero ir para casa onde

o medo é terra nos pés, onde
o rádio se redime recendendo a molho marrom
ao som do órgão
toda manhã de domingo, lá
onde o fiorde respira em meio às peras maduras.

II
Cada vez mais longe, distante. Mais longe
e cada vez mais perto.

15

cru
rock ao longo
da estrada crua
rock a milímetros
do canto mais remoto cru
rock por todo
canto cru
rock
lilás rock
cru rock
cru

16

(*meu soneto dezoito,*
ou: Shall I compare
thee to a Summer's day)

Eis a previsão do tempo. Escurece
através da vidraça da porta
sento calado
na cadeira. Cai a

noite. Sobre Bergen. Não
chove em Bergen. Mas escurece
muito. Calado sento
admirando o breu

dirijo meu próprio rosto
de volta, a vidraça
venta forte sobre

todos os mares. Todos os lagos
parados. Águas paradas. Paralisado
na cadeira. Sobre Oslo

17

"flores mortas num vaso rachado
no peitoril da janela. Moscas
mortas contra o reboco da parede branca

Numa cadeira de camping uma velha senhora está
[sentada
tricotando, com um avental florido

Um motor de popa abafa o grasnado das gaivotas"

"peso encurvado
percorrendo a negra
via

silente

o avô
ergue os olhos
e verga o corpo"

"meu sogro
forja pedestais em que
se erguem
esculturas
na cidade onde
moro

muito raramente
falamos
um com o outro"

"ao longo do caminho
ela foi
arrastando
em silêncio
uma bicicleta, uma bolsa

uma velha menina"

18

(*meu soneto dezoito,
ou: Shall I compare
thee to a Summer's day*)

Eis a previsão do tempo. Escurece
através da vidraça da porta
sento calado
na cadeira. Cai a

noite. Sobre Bergen. Não
chove em Bergen. Mas escurece
muito. Calado sento
admirando o breu

dirijo meu próprio rosto
de volta, a vidraça
venta forte sobre

todos os mares. Todos os lagos
parados. Águas paradas. Paralisado
na cadeira. Sobre Oslo

19

a sombra arde, minha
sombra arde, as cores
do rosto agora visível, todas
as sombras ardem, cores
arqueadas de muitos rostos
rostos visíveis, agora
visíveis, agora

20

I
eles estão envoltos pelas mãos e
cada rosto está
tão distante
do outro. O rosto
mais visível que o rosto. Do

outro lado você
nunca alcança
seu próprio rosto

II
os números do calendário
racharam os dedos vermelhos. A pele lilás
rachada em finos veios
sob as unhas
ao longo da segunda-feira. Sábado

as ruas têm lábios grossos
e ela caminha na contramão dos faróis

21

neve negra e ensanguentada, gritos
Cabelos
Leite viscoso e aguado sobre os pensamentos, uma
clava. Pele

pulsa do coração. A fala
rasga a enseada
Folhas de papel branco amassadas. Sangue, cabelos

22

I
os lábios dela sorriem
brancos, e o anjo negro
abre suas asas azuis
dentro do meu coração: Eu me levantei. Atiro
metros e metros de prateleiras
de livros no chão. Talvez
eu grite que agora chega

II
vejo seu corpo dourado
ouro puro. A razão é um halo de
dançarinos
ao redor dela. O sorriso dela
tem esse ritmo branco

III
rastejo pelo chão, e o anjo
se encolhe
Talvez eu tenha tremido demais
Carrego uma rocha negra no estômago

23

I
as horas açoitam o vento
e o coração é um anjo cansado. O céu
parece um cão negro

II
o palhaço tem braços roliços
com gestos zombeteiros
dança sobre o relógio. O cão não abre a boca
quando devora os minutos

III
o coração é um anjo com vertigem
e cabelos molhados na boca

24

além da lagoa branca
fugiram os pássaros selvagens
À noite sopra das nossas estrelas uma brisa gelada

sobre nossas sepulturas
a madrugada debruça sua fronte larga
Sob carvalhos balançamos num barco de prata

As brancas muralhas da cidade sempre ressoam
sob arcos de espinhos
oh meu irmão avançamos os ponteiros cegos rumo à
[meia-noite

[DEPOIS DE GEORG TRAKL: "Untergang"]

25

a pedra jaz seca, e eu vejo a mancha negra
tornar-se lilás. A pedra se aquece
e da montanha a fronte afogada desponta

sobre a areia da enseada. O coração são ondas douradas
[inquietas
e eu trago a pedra no bolso
da calça jeans. Ninguém me vê

26

I
a neve foi
como estar sob o poste de luz
E atrás estão as nuvens secretas

atrás das mãos havia dias profundos, e
aos risos ela se escondeu da lâmpada

no outono, no inverno. Sentir
a língua na boca. Ser bem jovem, lilás
E o poste de luz, a neve

II
cinzas jazem sobre a neve

entre neve e chuva

No meio de papel queimado
e restos de baldes de plástico derretidos
ela avistou um anjo que a beijou
na ponta dos dedos

A fogueira era grande na neve

entre neve e chuva

grandes flocos de cinzas. Negra
neve. Branca.

27

I
cabanas, de teto baixo
na mata fechada, as estrelas respiram
As roupas pretas dele jazem nuas no chão de terra

cabanas baixas, erguidas há muito tempo: uma saudade
sem rosto
e a escuridão macia

II
os olhos dele se espelham no negro olho da janela
assim ele se encontrou
desse jeito. Nessas noites
o vento sopra através da pele delicada
O coração é uma ânsia vazia

III
a noite com seus dedos terrosos
o guarda-chuva largado com seu silêncio, a chuva
antes da náusea que não vem
A criança dorme, ele vê

As horas são terra no corpo dele

28

abóbadas negras no coração. Roseirais, vento. Mais
                                        [uma noite
com flâmulas esgarçadas. Chapéus de caubói
e meias de arrasto. Os títulos. Manhã. Antigas
florestas de faias. Atravesso
a floresta segurando a mão do meu filho. Na
outra sinto o calor dela

29

Elis, quando chilreia o melro na floresta negra
Eis sua ruína
Seus lábios bebem o frescor dos regatos azuis da
[montanha

Ignore que lentamente o sangue lhe escorre da fronte
Antigas lendas
e o sentido macabro da fuga dos pássaros

A passos suaves você adentra a noite
em que uvas púrpura pendem
E elegante movimenta as mãos no azul

Uma roseira canta
onde estão seus olhos lunares
Oh, Elis, há quanto tempo está morta!

Seu corpo é um jacinto
e nele um monge mergulha seus dedos cerosos
Nossa mudez é um buraco negro

às vezes emerge do silêncio um animal dócil
e devagar fecha as pálpebras pesadas
Nas suas têmporas goteja o orvalho negro

O derradeiro brilho de uma estrela que se esvai

[DEPOIS DE GEORG TRAKL: "An den Knaben Elis"]

30

I
entre o verde e o azul
talvez esteja Deus

pela primeira vez: neve
e daquela ilha brumosa
vêm caminhando mulheres
Carregando nas mãos seus seios

O coração é um espelho partido

II
contra o vento
a pele negra, e
entre o verde e o azul vejo Deus
As mãos ásperas de terra

III
e as mãos são asas de moscas. A canção
esparge o cabelo ruivo das estrelas
mansamente
descendo até o mar

Seios verdes
Borboletas, o azul

Movimentos do cão
[1990]

Para Bjørg

1

o calar infinito do cão   no meio
do sentido   que vai
e vem
vai, vem   se transforma
e está lá

nesse movimento de vaivém   do significado

como movimentos de Deus
numa escrita
invisível   como os traços da escrita
como melancólicos movimentos caninos

como uma canção angelical que vai e vem

2

pois uma palavra nunca significa a mesma coisa:
tem sua pedra
seu luto   nos traços
da escrita   risadas   gestos pesados   alívio

3

pelas ruas
devagar
na cidade
pelas ruas
em frente às lojas
entrando numa loja
ao longo das ruas
minha mãe e eu
perambulamos
pela cidade
minha mãe e eu
a comprar roupas
presentes
e a caminhar pelas ruas
da cidade
na chuva
de mãos dadas
na cidade
pelas ruas

4

eu vou
o cão nas mãos
uma pedra   sob a água
distante   os dias   a casa
eu conduzo o cão nas mãos   as noites

(eu vou sob a água com o cão)

5

essas pedras
e mais um movimento
só que agora mais leve

nenhuma cor
vai nos esconder
apenas pedras e movimentos ligeiros

(eu fecho as janelas do apartamento)

6

I
árvore e pedra
na antiga casa: um velho

como quase nada

como para desaparecer
em árvore e pedra

II
e cauteloso silêncio: estou
na antiga casa e há
silêncio   na música

7

I
se as praias   se revelassem
como anjos
no meio de nós
como cães que desaparecem
ganindo
como o cão

II
mas ninguém está livre
dessas praias   o cântico dos anjos   lá
na solidão inaudível do cão, e então   assim:

um cão escolta o garoto solitário

8

assim canta o menininho:

esses
dias reclusos, esses
anos extensos, esses ruídos
remotos
enquanto o cão anda sem parar

o cão é o dono dos meus pensamentos
como Deus é o dono da minha alma

o coração habita o cão
onde um anjo se ajoelhou para mim

9

I

chuva, cabelos   os ombros, chuva
caminha, espera   fica parado
caminha   faróis na contramão

(acende um cigarro, caminha   chuva)

II

dedos grossos, as cores   indistintas, distintas: preto
vermelho   marrom   preto   branco
deslizam juntas   se movem, significam

(uma imagem que surge e ressurge)

10

tudo isso
que escurece
não escurece   em movimento, mas

está lá, um movimento

escurece, de novo
e de novo   escurece

nisso

11

I
quando o coração é uma lua
à noite
também está lá a chuva
e a história
no corpo
é o contorno móvel
das montanhas
rumo ao céu
além

II
não consigo dormir
o cansaço é
como grama dispersa
pelo corpo

12

um menininho
em meio a tantos prédios
conduzindo   um cãozinho

entre o luto
nas árvores, nossas cores
pesadas   minha amada
nos nossos corações

nisso que ninguém compreende
(em meio a cães e anjos)

13

I
pode alguém sumir
sem razão

apalpar o sumiço   por dentro   por fora

por dentro sem razão

em tudo que é

(só o som da razão)

II
uma canção de pedra
um coração numa noite

e tudo que é

(apalpar, seguir em frente)

14

eis como você sabe que existe
o incompreensível
que todos compreendem
pois o dito
é sempre o oposto
mas exatamente quando ele existe
é que compreendemos
quando estamos ao avesso nos lugares
na fina escuridão da chuva
na negra luz da chuva

15

o cão escuta o vento
com o coração
acelerado, antes
de a solidão de repente
o assaltar, e ele disparar

rumo a uma palavra verde
que ele não compreende

(mas suspeita de algo, tão verde)

16

I
você apenas desaparece
e ali está   no
movimento   de desaparecer

(como o sentido, talvez)

II
você está no meu
movimento   de desaparecer

(em meio a todos os meus amigos mortos)

17

de novo canta o menininho:

está ouvindo o meu coração chegar
então apenas o deixe ir:
deixe a chuva chover
deixe o sol ver
deixe o vento soprar
deixe o meu coração bater

18

I
tão verde
em todo o verde

uma casa de barcos aconteceu

no verão um monte
carregado de feno

esperar, lentamente esperar
agora acontece de repente

II
pois a loucura
pende do verde

e a maçã é vermelha
sem pecado

19

assim canta o menininho:

o cão na grande floresta
o cão agora espera
o cão ouve a melodia dos anjos
o cão ergue as duas patas
o cão ouve o cão chegar
o cão precisa ir ao banheiro
o cão clamou a seu Deus por misericórdia
enquanto o cão ria

20

as horas cá estão novamente   como cores
de um outro tempo
bem antes do cão
um tempo antes dos anjos, quem sabe: anos chuvosos
talvez anos chuvosos

21

numa escuridão macia
penetramos
abrimos os olhos
deixamos que uma pedra
uma cor
sejam algo mais
do que aquilo que são
desaparecemos

e as cores são lilás
nisso que é
e desaparece
e talvez as cores sejam lilás

pois sei que a escuridão é macia
e que nada nunca é o mesmo
é sempre o mesmo
é você e eu
enquanto um entra e o outro sai

e as cores são lilás
nisso que é
e desaparece
e talvez as cores sejam lilás

pois sei que a escuridão é macia

22

não deveria o lamento do cão
revelar-se um dia
pois o dia tem suas próprias horas
o dia tem sua própria voz
não deveria a garota vir
não deveria o garoto ir
o dia tem seu próprio cumprimento:
receba-o negro como neve

(assim pensa o menininho)

23

I
os anjos têm
terra demais
para um garotinho   na chuva
com livros num saco plástico

(livros sobre o cão na chuva)

II
um garotinho com uma flauta na boca

um garotinho toca flauta
e desaparece

como um cão

24

um dia
como um cão que some
poderia ser pior
a música
a música lilás de um anjo
um coração   e aquelas árvores   velhas
resistindo a si e ao vento

e a alma pesada com tudo que não se compreende

25

o velho já não estava para chegar
talvez venha caminhando   entre   ao encontro de você
(não o vê, ao menos finge que não o vê)

o velho não deveria vir
com a pedra secreta   que ninguém   jamais viu
(exceto uma matrona que há muito morreu)

o velho não deveria vir
talvez você o enxergue assim:
discreto
antes de tudo discreto

e então um bastão   um boné   um cheiro acre de fumo
                              [uma bolsa marrom

26

ouça como a chuva se move
ouça como o coração bate
ouça como as ideias desaparecem

está ouvindo a chuva chegar
(uma cor vê cores na chuva)

está ouvindo a luz na pedra
(e onde está cada pedra envolta em sua terra)

27

I
pois o lugar simplesmente surge
e de novo você é ninguém: a negra nostalgia de um cão
os movimentos de um cão

II
suas cores abertas na chuva
e vozes que caem
e resvalam na pedra
no coração, minha amada

III
mas o vento é inconfundível: quer chover
quer chover   por você

e sempre há coisas demais para esquecer

28

e eis ali o velho
vem atravessando portas fechadas
caminha cruzando jardins abertos
está sob o peso da luz

estaria ele detrás das minhas cores
(pois eu ouço a música chegar)

ele abraça a velha senhora
(e a brisa leve)

29

ninguém sabe direito
mas Ole escreveu:

há algo na luz que eu queria ter dito

antes de ele desabar
junto a um barco
no fiorde
e escrever:

teria como haver algum sentido nessas coisas

30

dias remotos
e escritos antigos
de anjos
além das montanhas   e lagos
claros   como sol
como sol e chuva

para todos os cães, minha amada

31

a pedra   a casa   canção
o embranquecer
da memória: os mortos possuíam paredes, teto
mágoa   cochilo   o quarto
música no rádio   verde, e tudo
que passou: dias perdidos, sonho negro
mágoas antigas   trabalho   preces

(e a imagem: algo branco   que azuleia)

32

I
as janelas da casa   azul
apertos de mãos   o reencontro pende
como cores
nos dedos
coração, vento: a velha senhora
recolhe
moscas mortas   do peitoril da janela

II
veias azuladas nas mãos dela
Ela sentou

(e a imagem: algo branco que azuleia)

33

quem é a velha senhora
de dedos
enfiados   nos cabelos
até que abra a boca
despeça-se   encontre
uma antiga fotografia
em que o pensamento
de novo possa ser imagem
em torno de uma dor   ela que   sempre foi

34

contra as horas esperar
até o vento chegar
como cada um   pedras
pesadas vidros translúcidos
o cão dela   e o peso
que é
como chuva na neve
vem   e molha
a noite

35

I
também você
como chuva sobre folhas mortas

desaparece

no instante em que eu
a arrasto para mim
enquanto me esquivo

II
mas com cabelos bem mais compridos
toquei-os

ao acaso

os dedos de cada um

(cão e anjo, cão e anjo)

36

há violões
nas ruas, e garotas
há chuva
no cabelo, e velhas senhoras
pelas vias
com chapéus
ao vento, vias
compridas, ao longo das ruas
no verão, sob o sol
contra o vento
nas minhas bocas
como dias
para você, minha amada

37

até isso
de novo a melancolia   uma jovem
vestes negras   uma matrona   rente ao fogão
a matrona ri   a garota
cabisbaixa   seu olhar
despenca
corpo   abaixo
esconde os seios
caídos
exibe os seios
essa imagem aflita   pétrea
envergonhada das cores
inominável   cujos dias
não se podem dizer

(eu fecho as páginas de nossa história oficial)

38

como um cãozinho
na grama alta
você veio a mim
ninguém sabia
que você era um cãozinho
apenas disseram
e então você era um cãozinho: um garotinho
caminha pela grama
enquanto aplaudem

39

e então desaparecerá

em todas as nossas mortes

de novo e de novo

um inevitável regresso que desaparece

de novo e de novo

como um Deus na grama lilás

(talvez como Deus na grama lilás)

O cão e o anjo
[1992]

I

as nuvens são brancas
um cão late
também as paredes são brancas
o cão é marrom
com manchas brancas na fronte
o cão late
e o céu é azul
nuvens brancas no céu
algumas delas são cinzentas, quase pretas
as paredes são brancas

existe um amor de que ninguém lembra
e azul vívido é o céu
com faixas esbranquiçadas, de amarelo e vermelho   com
                                    [muito branco
também no azul, pois o céu é
um grande cão branco
de que ninguém lembra
e o céu, tão denso, ainda pairando sobre
a grama um pouco esverdeada
em todo amarelo e marrom
por onde correm cãezinhos brancos
tomados por uma espécie de amor irritante
e acima dos cães há árvores em seu escuro verdejante
é um dia comum e faz silêncio
quando os cães brancos percorrem, calmamente, a
                                    [paisagem

Quero escutar os anjos que vêm dos meus amigos mortos
quietos como neve tangíveis como neve
Quero ver a neve derreter e virar água
Quero vê-la desaparecer
e surgir, como águias
Quero ver as águias chegando
Quero vê-las desaparecer
e ouvir a música
nesse movimento que criamos
e que nos cria, tão visíveis, no escuro

desde o abismo de fato
começamos e avançamos
como os leões, na dúvida e ira
pois mais sensíveis são os humanos
no fogo
do deserto,
ébrios de luz e com eles repousa
o espírito animal. Mas em breve, como um cão, minha voz
envolverá aquecida as vielas dos jardins,
que as pessoas habitam,
na França.
O criador.
Mas Frankfurt

oh flores da Alemanha, oh meu coração se torna
cristal inquebrável quando
nele a luz se insinua   Alemanha

[DOIS FRAGMENTOS DE HÖLDERLIN:
"Vom Abgrund nämlich..."]

e ninguém verá
quando então baixarmos
nossos olhos
e dissermos: você irá morrer
Agora será morto
A morte sobrevirá
Pois quem sabe da morte algo
além disso: não existe maior vergonha
e todas as vozes calarão
Minha voz é toda uma outra e o sol brilha na noite

(o negro se tingiu de vermelho
o amarelo ninguém viu
o tempo se alonga e ninguém mais verá você)

terra e água
numa noite de chumbo
e feno
um velho
   toca violão
tudo é chumbo e feno
eu parei de perguntar
alguém tocou o violão
   e o feno
o chumbo ninguém pode mover
algo é terra e água
até um cão começar a latir

(música oblíqua)

1
lentamente, é
como luto antigo
e música de acordeão, na luz
que não é luz
e algo que sempre desaparece
nunca desaparece
e exatamente ali todos querem estar
através do não estar: uma avó   um cão
e uma maravilhosa luz amarela
branca   através da janela

2
oblíqua, como a música
e o coração que se deita
na luz amarela
junto de uma avó   um cão   um amigo
uma antiga amante   um avô

e então, subitamente, estão vários amigos
na escuridão expiadora da luz

3
como um nada, como
um lugar qualquer, no nada
como exatamente nada

e como a luz amarela, branca, exatamente nessa
música oblíqua, onde a luz não é luz, em todo o amarelo
e a luz que não é luz, na luz

Passa o tempo
e todos os mortos estão conosco
até os mortos passam
em nós
e passam
tudo simplesmente passa
os mortos que estão desaparecidos
os mortos que só estão quase desaparecidos
e tudo passa
e tudo que existe
passa
os pássaros voam no céu
os peixes nadam na água
nós passamos
tudo passa

numa noite assim, ao vento, você
arrastou os barcos à praia
e as cortinas tremulam
e as janelas negras
uma janela bate
uma voz sobre o fiorde
um cão ladra
uma janela bate sem parar
e também você e o vento
então o vento

II

quando alguém mais chega
você ainda está no antes
outrora estava no outro enquanto o antes
ganha paredes como uma casa
que um dia você habitou. É uma casa tão clara como água
tão silenciosa quanto pode ser
como na escuridão da chuva, enquanto, do antes, rumo
[ao outro
como em movimento, você está: então dê água inocente
como uma graça
que ambos   podemos respirar

está lá o tempo inteiro
como uma pressão atrás e além do que é
Está lá, invisível, naquilo que é
Eu a chamo de anjo
que é novo a cada vez
ou eu a chamo de sentido
que também é novo a cada vez
Não é uma linguagem, mas está em toda linguagem
[(como quando
dois olhares se encontram e risos
de repente estão lá e então o riso se vai
e de novo tudo é diferente
e de novo está lá), talvez
não nos demos conta
embora esteja lá
(como anjos e cães velhos)
Pode-se rir disso
Então, de repente, está imerso nisso
como se sempre estivesse
Até novamente sumir
É próprio da criança feliz
É próprio da criança que chora
(e nunca o vi tão nitidamente
como no semblante sereno que tem o morto)

quem é que escreve, sou eu
ou é algo que escreve em mim e que
escreve minha escrita
através de mim, talvez seja eu quem escreve

se for eu quem escreve
então é um eu que, a cada vez, é diferente, pois
nos movimentos da escrita sempre está
um eu que escreve e esse não sou eu
ou talvez seja eu
mas esse eu é tão diferente de vez a vez
que não pode ser eu

se for eu quem escreve
então serei todos esses diferentes eus
e mesmo assim, em cada escrita, esse é um eu tão nítido, pois
assim é que é: se vou escrever
e abordar aquilo que não é
esse eu deve estar presente
ou aparente em toda a sua imprecisão
e esse eu só se materializa
justo naquilo que se escreve ou é escrito e então se vai
cada escrita tem seu próprio eu
e sem esse eu a escrita perde seu movimento
e sua direção

esse eu tão diferente, que mesmo assim é tão aparente
esse eu alheio, que a escrita cria, e
que cria a escrita e
é um algo e talvez seja exatamente desse algo que afinal
                                        [trate a escrita

(casas abertas)

abre, com cuidado, primeiro
a primeira porta, da primeira casa e
depois a próxima porta, da próxima casa   e então,
                                                    [enquanto
chove a chuva e brilha o sol
Entra na casa
e em seguida, com cuidado, abre várias portas
e depois apenas vai de quarto em quarto acendendo velas
em cada quarto velas serão acesas
e logo alguém virá
    A essas casas pessoas virão
que possam vir pessoas a essas casas

III

(preto)

agora o barco zarpará
no mar e um outro
    preto surgirá
agora a escuridão
poderá se mover
as ondas estarão lá
agora as ondas
que lá estão
irão se mover
lá estando
um outro preto surgirá
rodeando a casa da qual os mortos partiram
e nada
apenas é
    como é

agora um novo preto
   se deitará, então
vem uma calma
em que um velho
e um jovem
me veem
nesse preto
   que virá
se a escuridão
se mover
as ondas estarão lá
agora as ondas
que lá estão
se movem
lá estando
desaparecem

em um preto
que é novo a cada vez
em sua antiga melodia
e ainda outra vez
   o barco se lançará ao mar

(chuva)

tardou demais
até a chuva vir
tanto tempo passou
mas a chuva veio e
então lá estava a chuva
e de novo você esperou a chuva
enquanto chovia você esperava pela chuva
e chove
em todo o molhado
chove no molhado
apenas chuva

(na montanha molhada)

1
no interior da montanha   na escuridão
enveredamos pela montanha
e os ruídos   tão intensos   da água que não para de cair
escuridão   e a montanha   molhada   terra nos dedos
                                                [úmidos
ruídos quietos e intensos em que ninguém pensa saímos
só entramos na montanha alguns jovens
no interior da montanha nada muito além disso

tão molhado e os outros apenas vão em frente
e então essas mãos e tanto silêncio
e tão úmido e então não ver nada
e então só estar lá escuro molhado
e não dizer nada e não sair só penetrar a montanha é
nada além disso só penetrar a montanha caminhar
                                    [devagar ouvir os
outros desaparecer até não mais ir apenas ir devagar

algo que o barulho abala menor do que
o rugido da água apenas seguir adiante precisando sair
ouvindo o eco dos passos alheios lentamente um passo
mais um passo cauteloso negro e úmido terra nas mãos
[negrume
terra úmida negra água passos escuros
e então a mão nas costas
a mão na minha mão
sem dizer nada
lábios
beijo
beijos
ss
s
á
águas
á
gua
ir

dentro da montanha
escuro úmido e úmido
sem ver
apenas ir
esperar

lentamente

    esperar

             tardiamente

de mãos dadas

      esperar   ir

    esperar

2

os sons alheios
lá longe, fora
a espera, demorada
os outros se foram, lá fora
luz feno areia céu
esperar, sem luz, sem sol
apenas esperar, lentamente

mãos, umidade, calor

ter que sair, sair

sair

luz na luz num halo haaaalo sem
luz agora bem então muita luz

como a chuva
o silêncio está
na noite, como a chuva
para você
e todos os cães
para você
e no azul
estão todos os cães

(para você, para você)

(barco no escuro)

estou num barco
e o escuro é o barco em que estou
O barco são movimentos calmos   Escuro
à noitinha   O mar é negro
e o barco são movimentos calmos   Ao longe
estão a praia e as casas   Ouço as ondas
arrebentando na praia
e sei que as casas são brancas
e estou num barco
e não se vê uma só pessoa
estou num barco e sou
um mar sem ondas
não sou pessoa
e faz silêncio
pois não sou mais uma pessoa
sou o silêncio a bordo
sou a escuridão a bordo
e tudo é azul e escuro
tão escuro e molhado

O pássaro tem tanta terra
E sol que morreu entre nós
Tanto ar tem o anjo
Um velho disse uma palavra
E as rochas aquecidas
Antes do fiorde, tão iluminado, repousando na chuva

(pise com cuidado)

rochas tão lisas   no cais
    e devemos pisar com cuidado, pé ante pé
e precisamos nos firmar

nesses postes podres

                de madeira que apodrece até se desfazer

            então pise com cuidado ó meu pé

ó meu filho, ó meu pai, pois o mar está ali

e o oceano está ali, e lá iremos nós

            para as ondas e as ondas

e a escuridão que vai se abater

veja o barco no ritmo
da maré que sobe esta noite

as ondas estão uniformes

                        ouça nossas ondas quebrando

hoje à noite, como todas as noites

as ondas estão em movimento, o movimento está em nós

ó meu barco, ó meu filho, ó meu pai
e todas essas ondas

        as ondas ao longe

em tudo isso que é, que desaparece
no meio de todos os cães e anjos e vozes
como ondas
ao vento
meu pai está tranquilo
como uma onda mansa ao vento como um barco ao vento

O fiorde se eleva entre
algo preto e branco, tão parecido com uma criança
exatamente como se o fiorde fosse uma criança
E então a criança lentamente abre sua porta
e espia tanto silêncio tanto silêncio tanto silêncio

(o barco)

esta noite, no outono
quando tudo ainda pode ser mudado: é seguro no mar
Se o vento soprar forte
Se as ondas se agigantarem
O barco vai resistir
à intempérie que virá
O barco é de madeira
Ondas são ondas
mas o barco tão belo entre ondas
O barco ao sabor das ondas   num movimento cada vez
[mais negro, no frio
como alguém que mal resiste inteiro   dia, noite   e silêncio
sob a luz negra ou branca
nossos corações conseguem ouvir

ou o barco encalhado, numa praia
em que ele se abre   dia, noite   para a grande abertura

tão belo é o barco na praia: um garoto rasteja sob
o barco emborcado
e vê, pelas frestas, um céu   chuva
nuvens   chuva, até finalmente um dia, o vermelho ir
[embora
na calada das ondas, tão semelhante, pode-se pensar, a
[nossas vidas

de novo e de novo
acontece assim: um cão e um anjo
um barco num mar
os movimentos novos velhos repetidos
e de novo lá estão os movimentos um barco num mar
e seus alquebrados movimentos
nisso: um cão e um anjo
e o mar é velho
para um cão e um anjo
um barco num mar

(nosso mais belo preto
para aquilo que não é
um movimento algo preto um movimento)

IV

(de súbito)

pois quando já vimos
que não há outros lugares aonde ir
porque agora já vimos que não há outros lugares aonde ir
agora então é a hora de ir
agora só resta ir, sem ir
é quando podemos ir
e então, como deve ser, é preciso primeiro
vislumbrar aquilo que não existe
e então ir a lugares que não existem
lugares que mesmo assim existem e se parecem com o amor
pois o real pode se parecer com o amor
e quando nos acercamos um do outro
nesse instante sempre o outro se transforma
e isso se parece, tão subitamente, com nosso amor
que não existe
(mas que então, de súbito, existe mesmo assim)

(onda)

vejo uma onda
e penso que tudo é movimento
e não quero saber o que significa
entre todos os significados
que se movem e significam
Pois aquilo que significa se move
Vejo que também compreendemos que no significado
há a calmaria de uma onda
Vejo uma onda dentro e entre nós
e penso em vento e mar e anjos e cães

(e então uma águia desliza pelo céu crepuscular
sobre o mar que escurece
e faz frio nas velhas casas faz frio
casas frias e velhas)

Alguém demora
em si numa
montanha como alguém
na chuva
o mar dentro de si
rumo ao oceano
coisa rumo a outra
de si
rumo ao mar
na escuridão
oh — tão marrom
uh —
em si e em a
tanto uh oh
mar   marrom
macio
visagem
viscosa
asfalto molhado
então — oh
oh — táxi, preto
molhado
ir, partir
escre-ver

(o oceano)

na alternância
rumo ao diferente e
ao mesmo tempo lá dentro exatamente igual
ao oceano   De pé vejo o oceano
Vejo tons de azul e branco se alternando
tal como o vento sopra nas roupas
Vejo céu e água
É azul   É branco   É o oceano
Contemplo o oceano
Contemplo um estreito, vislumbro a luz de uma cidade
Contemplo navios atravessando o estreito
e penso sem pensar
que posso ver o oceano
Mas o oceano não pode me ver
Eu vejo o oceano

Há nisso uma diferença
e grande expectativa
Há nisso amor
e os olhos azuis do amor
admiram seu rosto
e descem
na direção das águas serenas
a que pertencemos
eu e os outros e você

v

quem agora é que precisa de ajuda
não o cão, não o anjo
mas talvez o menininho
Ele, o de mãos grandes
Ele, o de pensamentos puros
Ele, o que sente uma dor
como o badalo de sinos
e água
sobre o velho vilarejo
Ele olha para a casa e o mar
e reflete um pouco antes de sorrir
Agora é ele quem precisa de ajuda
Ele, o das palavras estúpidas
que nunca conseguem dizer
o que ele pensa e sente
Agora é ele quem precisa de ajuda

(um menino que chorava)

veja que peras maduras
    e por que chorar assim

deite-se na grama

agarre a grama, o cheiro de grama e terra

    então chove, então chove e chove   e a grama, deite-se nela

sobre a grama, e então pense no mar   no mar e na chuva e

a grama e o mar
    e o cheiro da terra   o pai se foi, você chorou

            o cheiro da grama um trator que arrasta um arado
                que lá longe rasga um lugar

bem longe, mas esta chuva, não deite assim

isso não pode ser dito,
mas ali, nessa manhã,
como em tantas manhãs antes,
está você, com mãos como cabelos,
com pensamentos como mãos, você está num vento
e pensa: serei eu como é esse vento,
não como o vento em si, mas como o vento é para mim,
esse vento sou eu ou somos nós ventos e luzes amareladas
ou estamos além?
e por que eles têm que me segurar, tão firme, em suas mãos?
serei eu um rebento
que de outra forma poderia sumir
nessa ventania, quando o oceano está bem ali? É por isso
que me seguram, tão firme, pelos ombros?

deve haver um vento detrás do feno, pois
ainda está, diante dos olhos, apenas este feno
e não vá, apenas fique
apenas feche os olhos
e demore o quanto precisar
no feno, onde eu ainda estou, apenas deixe o feno estar
e apenas fique
no meio do feno
e no entanto num outro lugar no meio do feno

VI

(a luz das mãos)

no sótão de uma casa de barcos
       entre velhas redes de pesca   está a luz amarela
e bem mais embaixo está o chão batido   Então
segure firme e suba as escadas e entre com cuidado
e fique no cheiro da maresia e do tempo
como uma coisa na madeira velha entre outras coisas do
                                    [tipo
E então um cheiro de medo   E acima
de tudo, na luz amarela, estão
as grandes e delicadas mãos do avô
no meio de todos os desejos e silêncios esquecidos

Quando a música calou e fiquei novamente sozinho
nos meus pensamentos pretos e verdes, com imagens
como uma tábua de pinho, quando aquela abóbada
de paciência e bênçãos a música noturna encobriu

resta apenas um resto, é então que nossas palavras
conseguem sempre dizer a bênção que se esvai: você
[está lá
diante de todos os outros, e não é aquele que é, você é
tanto aquele como um outro e nessa fatigante separação

todas as palavras ganham um movimento, uma contra a
[outra.
É nesse movimento que vivemos, calando diante da dor
plena de sentido, da dor vazia de sentido. É esse
movimento que somos. Eu vejo você numa exaustão

que só aumenta. Procuro novamente
calar minha fala, esse vazio cheio de sentidos, mas
as mãos se abrem mesmo assim num movimento de cisão,
de uma coisa contra a outra. É esse movimento que somos.

De perto
Deus é difícil de compreender.
Mas no perigo
também reside a salvação.
No escuro vivem
as águias e destemidos
os filhos dos Alpes atravessam o despenhadeiro
sobre pontes precárias.
Por isso, quando os picos do tempo
se amontoam, e os amantes
vivem próximos, exauridos nas
montanhas profundamente separadas,
então nos dê a água serena,
oh, dê-nos asas para que em segurança
façamos a travessia e regressemos.

[FRAGMENTO DE HÖLDERLIN: "Patmos"]

Nada me convence mais da proximidade de Deus do que
                                        [a ausência
dos meus amigos mortos. Deus são meus amigos mortos.

Deus é tudo que desaparece.

A arte sublime é divina: a arte sublime é partidária do
indeterminado, como é Deus, naquilo que se pode determinar.

Sem a morte Deus estaria morto.

Tudo diz que Deus é. Nada diz que Deus existe.
Por que Deus existiria? Deus que é?

Existir é afastar-se de Deus
para que Deus possa ser e assim tudo possa ser.

(sapatos vermelhos)

agora que você se foi
e tudo é silêncio no silêncio tão silente
o que então nós vemos
o que então ouvimos
o que então fazemos
porque agora você se foi
e a boca aberta se foi
o que então dizemos
o que então pensamos
o que então deveríamos
ter pensado   antes que isso se vá
e seja completamente diferente
e a calma se faça   Mas lá aonde você vai
calçando seus novos sapatos vermelhos
sapatos lindos assim jamais você viu
e a última neve derreteu
pois ainda há neve
na sarjeta da rua
que uns sujeitos limparam
a cada vez que a branca neve cai
nesse bom inverno   Você caminha
ao longo desta rua
e olha para seus sapatos
para a neve que se esvai   Você vê
que os campos verdejam   Então me deixe
escrever esta canção
embora você jamais
tenha calçado esses novos e belos sapatos vermelhos
mas a neve veio, virou água e desapareceu

e os campos verdejaram, cobriram-se de grama   Você
                                        [caminhou
por esta rua você correu ao longo desta rua
exatamente neste dia   Mas então você vê
a chuva sobre seus sapatos
dá meia-volta e dispara
rumo à casa onde eles estão
você vê alguém na vidraça
pode ser a mãe
ou a irmã ou o pai
você corre até a vidraça
mas nem quer saber quem é
então estaca no pórtico
e olha para os seus sapatos
e eles continuam vermelhos, ainda belos   Você fica
                                        [parada
olhando a chuva
e os sapatos são tão belos   Eu vejo você parada
olhando para a chuva
mas talvez você nunca tenha estado ali
olhando para a chuva
talvez você não pensasse assim
mas chover choveu
e os olhos viram
e o pórtico continua onde sempre esteve
e você está ali no pórtico
observando a chuva
e onde estava eu quando alguém abriu a porta
e onde estava você quando escrevi esta canção
para você   que se chamava Hedvig, esse era o seu nome

[*Hedvig Fosse, in memoriam*]

Eles se entreolham indo um de encontro ao outro.
E ambos baixam o olhar, mas seguem adiante,
é preciso, caminhar na direção do outro. O que
estão pensando? Por que tão cabisbaixos?

Eles se aproximam um do outro e nenhum viu
o outro. Eles vão de encontro um ao outro, como
se tivessem que atravessar um ao outro, como fazem os
[demais,
nesta rua, também passam uns pelos outros. Como
pensam

eles que outrora foram amantes? Seus pensamentos
e corações seriam a saudade de ser como pedras,
afundadas na terra, ou serão eles essas pedras? Vexados
por um sonho tão pesado que seus movimentos são a pedra

sem água, sem vento e céu? Eles vão de encontro um ao
outro.
Eles vão de encontro um ao outro. Eles vão de encontro
um ao outro. Eles vão de encontro um ao outro. Eles se
[cruzam.
Eles passam um pelo outro. Eles se afastam um do outro.

VII

"Foi há muito tempo", ela disse. Respondi, com
vento e chuva no cabelo
que sim, foi
há muito tempo. "Como você está?", perguntei
e ela disse
que tudo estava bem
e eu vi o vento
balançar seus cabelos ruivos.
Ela tinha o vento em seus cabelos ruivos.
"As ondas estão altas", eu disse
e olhei para o mar.
Ficamos próximos admirando as ondas
arrebentar no cais. Eu olho para ela, ela tem
o vento em seus cabelos ruivos.
E a chuva se acumula em seu cabelo.
Olho para o mar branco e penso que as ondas
se foram, mas a água continua voltando
e penso que as ondas
sempre se movem de maneira
diferente e igual
mas mesmo assim as ondas são sempre ondas
assim como a chuva no meu cabelo
se parece com a chuva que caiu sobre o cabelo dela
e penso que tudo é o mesmo e sempre diferente
e penso que assim sempre é
e assim deve sempre ser, em toda a sua habitual diferença.
Em toda nossa dor tão silenciosa.

"Pode ser assim", ela disse. "Pode muito
bem ser", ele disse e abriu, com a mão
esmaecida, uma janela
e lá
eles ficam, diante de uma janela, próximos um do outro.
[Parados,
observando o azul. Contemplando. Mas o que estão
vendo? Eles veem a mão
no azul que escurece, eles veem a mão
que se abre, muito lentamente
e ambos sabem
que tudo foi visto muitas vezes antes
e tudo, visto assim, aproxima-se do passado.
"É tão velho e tão novo", ela diz
e ele meneia a cabeça, vai e se senta. Ele a vê, parada
rente à janela, a inclinar o corpo e espiar lá fora. Ela
[fica ali observando.
Ele olha para ela.
Eles olham e olham. Apenas olham.

VIII

De peras amarelas pendendo
e roseiras selvagens avolumam-se
as margens do lago,
os fiéis cisnes,
no afã dos beijos,
mergulham a cabeça
na sóbria água sagrada

E eu, o que será de mim, quando
chegar o inverno, flores, de onde virão
o brilho do sol
e as sombras da terra?
Os muros erguem-se
silentes e frias, ao vento
tremulam as flâmulas.

[DEPOIS DE HÖLDERLIN: "Hälfte des Lebens"]

ela está de pé em sua própria sombra
ela está de pé em sua própria luz, ela está em pé numa colina
ela fica de pé e olha em volta, ela fica de pé segurando um saco
ela abre o saco e olha em volta, ela pega um punhado
de migalhas de pão do saco, ela olha em volta
e as ovelhas vêm, cada uma do seu canto,
as ovelhas, os carneiros, até os borregos vêm
correndo até ela, ela está com a mão
cheia de migalhas de pão que dá de comer aos animais e ela
       [então começa a andar
e os animais a acompanham depois que ela fica de pé em
        [sua própria luz ela avança
e as ovelhas seguem atrás e ao redor dela estão as ovelhas
(e acima de tudo está sua luz, tão genuína e clara luz)

as árvores estão carregadas
de maçãs e peras e ameixas
e o fiorde tão calmo hoje, é tempo
de labuta: as frutas devem ser colhidas, embaladas e
                                    [despachadas   De pé
na grama ela viu uma escada
encostada
numa árvore, ela apanha um balde
e então sobe, em uma das mãos segura o balde, na outra
                                        [a escada
e sobe
e então para, no alto da escada, o corpo
lá no alto
apoiado na escada
mãos à obra
em movimentos cruzados
apanha pera atrás de pera
da árvore
e então as acomoda, numa ligeira cadência, pera atrás
                                        [de pera
umas sobre as outras
ela vê que o balde vai enchendo
e então pega, com uma das mãos, o balde
e com a outra segura a escada
e então, com cuidado, pé ante pé, desce
a escada   Ela fica de pé
sobre a grama, olha em volta, fica parada admirando
o fiorde, depois vai e esvazia, com cuidado, apoiando
com a outra mão, as peras numa caixa

ela olha para o céu, tão timidamente azul hoje
ela olha para o fiorde, tão calmo hoje, então pega a escada
e a arrasta um pouco
e de novo sobe a escada

(tão semelhante a uma lua)

enquanto ela, tão semelhante a uma lua, está a caminho
ensimesmada
sempre quase sumindo
e sempre quase surgindo
escurece
ou talvez esteja claro: pois aonde ela vai, passo
a passo, tão resoluta ela vai
e para, olha em volta
e então chama um cão
Ela chama mais uma vez
Ela chama o cão, mas nenhum cão surge correndo
Ela para e olha para trás, então vira o rosto e torna a
                                        [olhar para a frente
e vai, pois agora ela tem que ir, apenas ir

E ninguém sabe

Mas deixa-me ir
colher peras silvestres
para espargir meu amor por ti
em tuas veredas, oh terra

Aqui onde
      e os roseirais
e o doce aroma das tílias recende
as faias, em pleno dia, quando no fulvo trigal
crescem farfalhando, no mesmo feixe,
e o alto da haste verga
como o outono, mas agora, sob o
alto dossel dos carvalhos, quando enlevado
reflito, dobram os sinos
tão familiares
ao longe, um eco dourado, naquele instante
em que os pássaros de novo despertarão. Assim será.

[DEPOIS DE HÖLDERLIN: "Heimat"]

IX

você sob a luz do seu rosto
onde um novo silêncio
começou o trabalho

você não conta histórias, são
meros e breves vislumbres
de um contexto
iluminado demais   para você   é assim

você pode recontar
seus contextos iluminados, silenciosos   silenciosos

enquanto a noite canta seus sóis

(e deve, o quanto antes, adentrar o grande movimento
em que o dia chega com seu luto)

(tão bela vestindo cinza)

você se vestiu
tão bela
de cinza
e não sei eu
por que o luto pesa tanto

será porque se vestiu tão bela
será porque vestiu cinza

ou será porque, de novo e de novo, essa
não passa de uma visão que sempre desaparece
como você irá desaparecer
e eu irei desaparecer, mas nesse exato instante em que
                                        [você está aí, tão bela
vestindo cinza

tão bela vestindo cinza
você está tão bela vestindo cinza
dizendo tal como está que não sabe
se é bela
ou burra

você está tão bela vestindo cinza
tão bela vestindo cinza

esse silêncio inexplicável
que mais de uma vez os outros prepararam, esse
inexplicável
calor
a que ninguém pode
encontrar, esse inexplicável sopro
que todos já vimos
no olhar alheio
e ali, na alheia grama alta, alguém encontra
seu rosto
novamente. Talvez seja isso
que vale
sem valer
É isso que fazemos
É isso que de novo e de novo contaremos
e nunca pode ser contado
É isso que somos e fazemos

assim é que você pode encontrar nossa escrita
nisso que sempre ocorre
e é a chuva na nossa solidão
Pois estamos na chuva
com corações à mostra
sem luto ou vergonha
sem o sol estridente sem feno
Estamos na chuva e escurece
e a terra escreve
em nós com seu traço claro
tão sem frieza. Nossa vergonha é grande demais
e nossas vozes são minúsculas
nossos movimentos são sempre e nunca sozinhos
Pois a chuva tem uma luz
e a treva tem uma luz
como a luz
de um barco no fiorde
ou de uma casa isolada
num terreno qualquer. E no escuro eu remo
para longe daquele imenso luto

Novos poemas
[1997]

POEMAS 1992-1994

Vãos entre o cascalho

Que sempre possam despedir-se   Eles caminham
como se nunca tivessem feito outra coisa, agarram-se
um no outro, como se fossem sonhos agarrados à madrugada
Mas agora precisam ir   Claro que não podem ficar
Se ficassem   A luz de ambos
não seria engolida pela escuridão?
Suas frestas, por onde entra
a luz que se espalha tão tênue pela noite, não
transformariam toda essa luz
num sol que se apagou? Claro que sim! Eles não mais
estariam presentes
num dia em que árvores podem escurecer, em que pássaros
podem cantar e cantam. Não mais estariam
onde os outros estão, mas na escuridão
acelerada um do outro
que se adensa, diante de
hábitos que ou irão preservar o mundo
ou irão destruí-lo. Devo ir.
Ou devo ficar? Marcho pelo cascalho
na frente de casa, até a rua   Entrego-me à tentação de estar
num outro lugar outra vez   Espero que você possa estar
apaixonada   Que possa viver sua liberdade: um dia dourado
se levanta. Um garotinho deixa escapar um balão vermelho
que flutua além do telhado das casas. Uma garota
chora segurando a mão da mãe. Garotos de cabelo emplastrado
[nos carros. Reparo
no cascalho pela rua. Ainda estou apaixonado, o medo
é menor. Vejo os garotos mais velhos bebendo cerveja
enquanto uma traineira desliza pela baía. Uma jovem

sentada num banquinho estremece. Ela recusa
e os tremores são ainda mais fortes. Um irlandês cansado
toca violão num beco.

Fadiga, material, uma canção

sua teimosia confusa, sua insistência genuína
de que não existem
manhãs com nuvens
que pairam sobre telhados e lagos azuis   Mas segure
minhas mãos, como ondas, em prece
contra ondas. E me conte tudo que sei. Conte-me
mais uma vez a mesma história.
Aquela sobre o garoto e a garota.
Aquela sobre ser como água.
Aquela sobre eu dever estar
na música
alheia
no meio dos outros. Não me conte outra coisa
além do que já sei. Mas me conte, por favor, sobre
a segurança de que todos precisamos
até quando nos sentimos seguros. É um dia cinza
e eu caminho, como tantas vezes antes, a passos
esfumaçados sob os olhos do firmamento. Senhor! Perdoai
os meus pecados! E dai-nos o pão de cada dia. Amém.

Mutações

desbravando uma floresta
prestes a enfrentar
o vento
que a chuva prenuncia
rígidos como fósseis
que se esqueceram
de apodrecer   Atravessando
o vento chuvoso
na floresta, mascaramos
nossa suposta face
decadente e não somos senão
a nossa própria tentação   Felizes   Exaustos   Cúmplices
de um perpétuo consolo

O consolo do vento na floresta
A afeição que tenho por você

Pura decadência

encruzilhadas ao vento
e ondas   O riso é uma flor esquecida
sobre a terra erma
na qual elas permanecem em suas mudanças
se alternando
sobre o mar
até o destino em que não mais se refletem
nos espelhos: as casas
cujo telhado o vento fustiga
erguidas em volta das sombras, mutáveis
inalteradas
insondáveis, como um som indistinto
de vento e trevas
no verdor da chuva, pura decadência

E no outro dia então iríamos ao encontro
da chuva que se anuncia

Rigidez

de manhã, quando acordo, minha rigidez
é pesada como tudo que vivi
e despertei para
o sono interior   Um esquecimento
é tudo que posso pedir   Um dia num
gesto maior de consolo
Ondas contra minha rigidez   Vestida com a maciez do
                                                    [vento
e da água   Música romântica
Canções de perdição   A lembrança de um luto
                                        [(mencionamos
isso e começamos a chorar, conforme ele disse
e constrangido se retirou
bruscamente, como uma praia
onde o barco está encalhado

Mas os anjos me libertam todos os dias
da minha rigidez
luzidia e pétrea   Meu gesto
não é crível
A felicidade é sem alegria

Por tudo posso agradecer aos anjos

Dê seus passos

vejo sua luz dar
as ordens
na mão que verte terra
sobre aquilo que um dia foi, você dá seus passos

e eu a vejo abrir seu calor
para a mão que se vai
e não mais se move, então
dê seus passos, você dá seus passos

Os nossos dias

ladeados
de vício e rosas
envelhecendo e rejuvenescendo   Obviamente

renunciando a uma intimidade
transparente e naufragante

na qual jamais recobraremos
os nossos   dias

A sós e a salvo

veja um coração
ao vento, uma canção,
dos momentos decantados, uma cor que repousa
nas noites que se estendem
alongadas
como a luz

da nossa inquietude, longa

lá dentro
eu vasculho

a sós, e a salvo

[1986]

E as ondas arrebentando

uma irmã está se mudando uma
outra irmã vai de repente morar com um amado
outro homem um outro amado de repente com outra mulher
E deve ser dito
Não se pode, mas deve ser dito
Não há outra vida
Ou talvez haja outra vida que deve ser dita
Não há mãe que escute
mas uma casinha uma viagem uma casa
Não se pode dizer, mas se deve dizer   Pois há uma música
que lá está o tempo inteiro
e a partir dela se deve dizer   E depois um barco a vela
e talvez existam lugares
em que se possa resistir   Pois não se pode dizer e se deve
                                                              [dizer

                            Viagens, uma nova
casa
dias uma cama um fôlego um coração
e um cão entregue à própria sorte   Um cão sozinho na água
Um cão da água
E as ondas arrebentando

Encontro

caminhamos
sem cessar, os braços
os sobressaltos
os olhos abertos na direção da chuva neve
chuva neve
através de nós,
caminhando, apertando as mãos, olhos
abertos, pelas ruas, nas calçadas, ao longo do
                              [acostamento, ultrapassamos
filas de carros
e nos ouvidos filas de
pessoas nos olhos sol e chuva
escuridão e cinzas
amanhecem as ruas, as estradas, fomos de trem e avião,
                                           [as vozes
penetram
os olhos, os ouvidos, os sobressaltos no
rosto, seu rosto que veem os olhos

meu rosto, os olhos veem

O silêncio, antes de alguém chegar

na rua hoje há neve asfalto gelo   Uma escuridão
mistura-se à luz difusa que preenche
o quarto onde estou fumando   Abro a janela
a fumaça dos meus pulmões paira
no ar e se deposita como um manto sobre
as manchas marrons no chão na neve
gelo neve e gelo hoje são os caminhos escorregadios que
                                                    [hoje encontrei

E então um toque das suas mãos

Castigo

Sempre quando é manhã
surge diante de mim um rosto indistinto
na sua enrugada e desleixada aparência
Um rosto velho
Um rosto do qual jamais me desvencilho
Um rosto que me transforma no meu próprio destino
um rosto, indistinto
na sombra de outro rosto, me transformou
no meu próprio destino   Abro
minhas mãos e suplico por uma tentativa melhor
Mas o tempo se impôs
Os dias estabelecem um padrão
que posso chamar de meu
Sou um outro rosto, tão indistinto
na sombra de ainda outro rosto
Sou um caso perdido
Sou minha própria vergonha
Sou meu próprio destino sem destino

Paixão

Depois que as últimas roupas foram dispostas, uma pessoa
ou várias
entraram no quarto
em trapos,
movendo-se em silêncio, como anjos na grama e vento
como o vão
da campânula de um sino, um antigo leque
Vestidas para uma chuva vindoura
uma festa de reconciliação futura
em que fariam companhia, não aos demais
mas a si
mesmas e ao próximo como a continuação de
uma luz mais antiga, talvez
e uma das decanas
remói pensamentos mais recentes
que jamais ocorreram aos demais
em sua decadente
solidão, sua notável carência de
lugares iluminados, desvãos, confissões de fé
intrometendo-se em sermões preces sacramentos alheios

Uma declaração sobre o velho e incorruptível sol
vem de um mensageiro que agora surgiu
uma ocasião auspiciosa
Um velho mensageiro disfarça a própria insanidade
com uma paciência que ninguém jamais teve

Diferente

I
gosto de me voluntariar
para o incompreensível   Cães
que fazem o contrário
do que indicam as mãos   Roupas
puídas em padrões reconhecíveis
O som de ondas
que tornam as palavras irreconhecíveis

II
Algo diferente
que o tempo inteiro está lá
Diferente
como se fosse o mesmo   Eu lhe peço
Receba nossos silêncios
e os deixe ser
como cores reluzentes
cintilando, iluminadas
na sua escuridão
como uma advertência bíblica
um sacrifício   uma salvação   uma graça alcançada
inútil como toda graça
oculta

Velha chuva, boa

entediante e monótona
como um fiorde plácido
à noitinha, no lusco-fusco   Quero ser
um fiorde assim, úmido e seco ao mesmo tempo, pois é
bem assim
que se deve ser, úmido e seco, ela disse e
eles olham para um carro um gato uma cabine telefônica
e se demoram diminuindo até sumir, com flocos de neve
em seus gestos que tilintam
partindo uma maçã em duas metades iguais
E olham para uma chaminé, molduras de janelas caiadas
grama num prado
Um trator segue pela estrada
Chove
Eles não dizem que chove   Dizem um ao outro que
a chuva
só pode ser velha
a chuva não pode ser nova o tempo inteiro? pode?
como pode a chuva ser nova o tempo inteiro?
A chuva deve ser velha
Chuva velha é coisa boa (ambos sabem, mas nenhum
deles diz isso ao outro e
se pode por exemplo dizer
que o que distingue os vivos dos mortos
é uma cabine telefônica, uma ameixeira
pereira macieira (que fala mais infantil, mas por que não?
por que não pés de morango? arbustos de framboesa?
velhas xícaras e vasilhas, frigideiras, brincos, tatuagens

Strandebarm, Hardanger

pereiras e envelhecidos barcos de madeira que
fazem água e precisam ser reparados, mas
depois de alguns dias no mar os barcos fazem menos água
e por fim já quase não alagam, por mais velhos que sejam e
então é apenas a chuva que
precisa ser escoada dos barcos

e abrigos para os barcos feitos de madeira nua, escurecida
com o teto coberto de lajotas pesadas e tortas
que deslizam e podem vir abaixo a qualquer momento, mas
nunca vêm (ou quase nunca, eu mesmo
nunca vi uma delas cair ou caída pela praia), uma igreja

no meio do vilarejo, cercada por um cemitério, lá debaixo
                                                    [da terra
jazem tantos que conheci tão bem
quando eram vivos, antes de morrerem

Eu não sou mais

faz tanto silêncio que posso
enxergar as cores caindo, nenhuma das mais antigas
ainda está na água que se agita
Faz muito silêncio
e foi há muito tempo
Mas o celeiro verde bem que merece ser pintado
E as crianças precisam
de um lugar seguro para brincar
Eu não sou mais, mas só em você
E num azul
ameno e aconchegante   E a grama
deveria ter sido aparada, percebi agora

Amor, um dia de março

o caos
quando não através do amor prático
que se derrama através dos nossos corações pontuais
e se transforma em cotidiano, se transforma numa
                                        [rejeição crescente
um desprezo cada vez maior
por todo o mundo
Incompreensíveis
como água
estamos
imersos em rotinas
diárias de insultos

Movimento, e luz

I
vejo você sentar
sobre seu próprio e reiterado desespero
nem mesmo isso
também isso é tédio
nem mesmo isso
tudo são apenas movimentos soltos
desespero que se repete

II
e tudo é visível
na sua luz
onde você está na sua luz
e respira, tão serena, minha amada

III
há tanta dor, mas
a luz envolve a dor
como bocas abertas
numa dança contida
que se acumula
na luz

IV
minha boquinha
se abre para uma bocarra

e as cores recobram o verde
Eu a vejo em sua luz
tão exposta na luz
com mãos entrelaçadas no colo
tão forte é a luz
Ponha suas mãos no colo
e abra suas mãos, bem devagar
sobre minha boquinha
Fiquemos na luz
e deixe que sua vontade aconteça

V

Mas quando o riso está lá
e de repente estamos alhures
onde tudo é
muito diferente,
mas também muito parecido
com tudo o mais
que conhecemos há muito tempo
Quando estamos, mais uma vez, juntos
num movimento maior,
que também pode parecer amor,
como o nosso amor, no seu silêncio, também
pode parecer seu riso, você minha
menina quietinha

VI

Acaso ouvimos o mesmo som
bem longe
muito distante

É o mesmo
som que ouvimos
ou é só nossa impressão
Ouvimos o mesmo som
ou é o luto
que ouve
em nós
Nos ouve

VII
Em cada um de nós
faz silêncio
quando nos encontramos
num cauteloso
movimento ondulado
rumo ao luto
e a todo aquele pavor
que sempre fomos

No lago

pois quando as mãos se abriram
a uma pedra
que rolou e vamos
descendo e descendo até você
e eu mergulharmos, calmos, decididos, quase

felizes estamos
enquanto
nos banhamos, com
pedras nas mãos, com mãos como
pedras
um no outro, você e eu

como pedras
no lago, dentro e por nós

Olhos celestiais

claro que estendi minhas mãos Você é mesmo
uma criança entre outras crianças brincando e gritando
[com as outras
você bate e sorri e gargalha você come e dorme e vem até
mim numa confiança inconcebível Você é uma criança
brincando numa caixa de areia, lágrimas e risos
nesses inconcebíveis olhos azuis, olhos celestiais, com
[nuvens
sempre em movimento Você é esses olhos

Seu lago azul

e então se é arrastado
por algo que se ignorava que existia: uma mão
que envolve uma mão como um lago azul uma mão
como uma luz em que se está   Pois existe   Existia
                                        [também algo
mais
uma mão com luz dos olhos, como um dia de lago azul
                                        [Mas isso
existe   Pois
você existe   E eu existo   Nós existimos
como algo em que não se poderia pensar, algo
de água e azul para o qual de repente se
é arrastado   Não é algo
em que pensei   Não é algo
que fiz   Não é algo que eu quisesse, pois
eu não conhecia sua mão sua luz seu lago azul

Um estreito sempre revolto

não há o que dizer
mas acontece de eu imaginar a mim mesmo
como uma mureta
pedras sobre pedras sobre pedras
demarcando um limite   Eu me imagino uma mureta
de pedras amontoadas
trazidas de um terreno
de uma praia   Eu carreguei as pedras
e assim foi, não há
o que dizer, mas acontece também comigo, como decerto
                              [também a outros, de
todo meu peso desaparecer
e tudo que passo a ver é a minha própria cabeça
como uma caveira branco-amarelada viva
num estreito sempre revolto
de vazio
que então flutua sem peso   E então os meus olhos, fechados
ou abertos, que olham
fixamente

Olhos ao vento

Não sei
o que está acontecendo   Mas deve ser
algo que talvez possamos entender
no meio desse amor
que se abre, como uma janela
azulando diante do escuro   Então você também abre
sua janela para o breu
de tudo que vi
e inspiramos
na direção de um lugar que sempre chega
e sempre   se vai
onde velhas mãos se unem em prece
como lágrimas ao som de uma reluzente melodia
                                                        [ancestral
música lenta   Oh, dai-nos
a música lenta   Dai-nos a música lenta
que nunca antes ouvimos
e sempre soubemos que estava lá   A música lenta
que estava lá antes que nos vestíssemos
as velhas roupas que sempre quisemos ser
e contam o que sempre fomos
nunca fomos   Eu suplico por um movimento velho e novo
que existe
para desaparecer
como um dia de outono
em seu ocaso chuvoso
Me estenda um gesto
E nele vamos desaparecer

Sua mão na chuva

Você parada no meio do quarto
e sua mão é um rosto lento
que embranquece, que lentamente
tinge-se de branco
e desaparece   com as ondas
que quebram na praia   E o barco se abre
nas nossas mãos   e lentamente embranquece   nas ondas
que quebram sua escuridão   Arrebentam sua escuridão
na praia   E a chuva molha o barco   As roupas
                                           [encharcam
A chuva que deixa nossos cabelos molhados e pesados
                              [E um rosto, o seu, na
chuva
E o seu cabelo molhado, na claridade gris do céu
E a dor oculta nas árvores
nos bastidores   E então sua mão, com
o peso da sombra de tudo que você já foi
e agora é você, minha mão
tão pesada uma sombra   contra o preto   E um receio
muda tudo: o Deus
a quem eu rezo mantém inabalado
seu sonho, o sonho de Deus
resiste a tanto? Ou quem sabe não tenhamos nós,
como Deus, como abandonados por Deus, alguma culpa
                                           [nisso?

Anular-se, mais uma ruína

através da morte é que se vive
uma anulação do indivíduo e do tempo e espaço
do sentido e do não sentido
da igualdade e da diferença
do ser e do nada
uma anulação da anulação
uma anulação do eterno e do infinito
uma anulação de Deus e da humanidade: Deus morre na cruz
e então Deus está morto
e então a morte está morta e então a vida se extingue, sem
                                              [a morte
não se vive e os peixes nadam sob a água   A grama cresce
                                              [nas colinas
Uma jovem menina deixa que terra e ar
se transformem na mão que seca o suor de uma fronte
E um peixe na mão

Mais um exemplo

a garota apaixonada se veste
lindamente como se para uma festa
que jamais ocorrerá, é assim
que são essas festas: melhor que não
ocorram, melhor, se tanto, que festejem a si mesmas, pois
assim se descobre que tudo
é sem qualquer motivação
e que a razão é do mal
A razão é algo com que nunca devemos nos reconciliar
                              [Mudanças velhas e novas
Nunca brechas
sempre são   brechas

Prece, maldição

E a paisagem se mantém limpa uma manhã
quando as montanhas se transformam
numa voz
que grita incessante
que agora o cão precisa vir, nem que seja
como uma manhã   Eu lhe peço
Traga sua manhã
até nós que estamos no velho dia
Sua manhã, em nós
Traga sua manhã até nós

Casa na árvore

há quem diga que não existe
e decerto pode existir
e não existir: trata-se de outra coisa
por exemplo pode ser que pareça uma casa na árvore
Parece uma casa na árvore
ou algo totalmente diferente, como um velho, talvez
Caso pareça com algo diferente
pode-se muito bem dizer que parece
quando muito com algo que alguém supõe que é
como se alguém agora
afirmasse que é
Pois tudo parece e talvez seja como um velho navio
Talvez tudo seja como as velhas balsas de Hardanger
da maneira como eu as contemplava
Você também parece
uma casa na árvore por exemplo
Há tanto em tão pouco
Como o quadro
de uma balsa de Hardanger
batizada de Anna Karina
(e ela um dia há muito tempo foi tão amada
tão amada e quando procuro seu nome
no cemitério não encontro nenhuma lápide com o nome
Anna
Karina

Dores ancestrais

Eu os vejo de novo contorcendo o rosto
com dores ancestrais, azuis, verdes, do jeito
que as dores costumam ser   Eles querem que as dores se
                                                    [pareçam
com aquilo que querem que se pareçam   É assim
que têm noção de que
também ocupam seu lugar de direito neste mundo
de mudanças tão absurdas

O que não é

Exaustos estamos, antes de os barcos chegarem
Antes de vermos os barcos deslizando, lentamente, pelo
[estreito.
Por que estamos tão exaustos? São os barcos que nos
[cansam assim?
Qual música gostaríamos de ouvir
em nós mesmos, seria uma música que nos afastasse
de nós mesmos? Qual é a música que
esperamos ouvir? Nenhuma? Não, não pode ser
uma música. Deve ser outra coisa. O que será então essa
[outra coisa
que esperamos ouvir? Não! Não é nada
o que queremos ouvir, é só algo que deve
poder ser sem ser
no peso de algo que é. Só se é quando
se volta para aquilo que é   E o amor nunca é algo que é!
Ele apenas se volta para algo que é.
A segurança é. O amor nunca é seguro.
E nem eu sou! Eu estou apenas voltado para aquilo que é!
Por isso sou o amor! Estou voltado para aquilo que é
mas como movimento   Sou um movimento
num movimento   Estou num movimento amoroso!
E vejo os barcos
deslizando pelo estreito
E então os barcos simplesmente podem chegar

Mudança

numa manhã vemos que a janela
se transformou   Nos vestimos, solenes
Nos preparamos para uma renovação por chegar
em que as antigas queixas dos mortos
não mais nos alcançarão   Vamos até a janela
que acabou de nos descortinar um jardim frondoso
Estamos presentes
Estamos mudados, nas cores que certa vez tivemos
a chance de ver, ou de não ver
Estamos na nossa mudança
como imagens de algo que já foi
Estamos presentes, imperceptíveis
como uma névoa azul
num movimento imóvel

Tanto tempo desde os outros

o que é que fazemos enquanto
escurece e a casa esfria e fica ainda mais escuro
e ali cautelosos cuidamos da vida e
pensamos que agora ninguém deve nos deixar
ou então não conseguiremos continuar morando na casa
ou então teremos que ir embora pois as árvores as
                    [colinas o mar tudo está escuro
e preto quando estamos sós e não faz tanto tempo
                            [desde os outros

Uma criança que existe

uma luz que se pode pegar
e se pega, uma luz que se segura na mão, até se oferecer
a uma criança
que ainda não existe
e talvez nunca tenha existido, uma criança
que nunca virá a existir
e mesmo assim existe
como existe
uma criança que existe
uma criança que existe, porque eu existo

Uma velha escavação

e então se espalha a dança, esperando, chegando
como a velha roupa da música
e as suas novas   Uma roupagem que sempre chega
e nunca desaparece por completo
como uma velha escavação   E as roupas
se mostram, então se viram
e vêm caminhando até você, com praias
abertas em seus olhos, ondas nos ouvidos
e vento em seus velhos corações
Elas estão simplesmente presentes naquilo que você não
                                        [conhece
Naquilo do que jamais ouviu falar
mas que vem
Vem até você, como sempre fez
Assumindo uma nova posição enquanto a cidade deixa
                                        [fluir suas ruas
como uma ventania que varre
a terra que, você sabe, emergirá
do peso que sempre precisamos esquecer   Você fica ali
sob o frio paralisante
que se abre e se infiltra
numa noite vestido em tais roupas   Você apenas admirava
as árvores verdes ao vento
e o fiorde tão sereno e azul   Pois então tome
o fiorde escuro
e mostre àqueles
em sua hora repentinamente oculta
além das árvores na luz ofuscante   E ouça
que você vê em silêncio uma vez vermelho-escura

Um dia perdido

um dia perdido assim, enquanto você e eu cruzamos juntos
uma fronteira
que nunca soubemos que estava ali, rumo a um novo coração
em que você e eu nos unimos
em cada um   É
um dia comum
com a grama alta que murcha
sob um céu pesado e gris
E o mar em ondas brancas inquietas   Da névoa rebrilha
a luz dos seus olhos
assim como os meus olhos também rebrilham
a grama e o mar   Grama alta que murcha
E o mar em ondas brancas inquietas   No céu
está a primeira chuva
totalmente sem um porquê   Um dia perdido qualquer, nada
aconteceu   E então lá
está a chuva e o dia fica aberto

Pedra

Pedra sobre pedra se empilhou
e eu me transformei num peso
como um muro torto de pedra, em que pedras disformes
[se apoiam umas nas
outras
e respiro entre as pedras
Mas de vez em quando as pedras se molham, de chuva
E de vez em quando o vento sopra nas pedras   E estou
[na casa de uma
garota
numa noite de verão
Sou uma noite de verão quando uma garota
surge caminhando por uma rua
Ela vem até mim
Nem acho que ela seja bonita
ela vem caminhando
tão abertamente na minha direção
Ela não era bonita
Mas ela vem caminhando
tão confiante
na minha direção, como uma pedra
agora preciso respirar

O menino morto

vejo um olho que floresce
deitar-se sobre o fiorde, uma mão
segurar uma janela aberta: um vento
de um esquecimento
contar em sua névoa azul
que ainda existe um possível verdor
nisso que se chama vida e morte   Na cruz Deus terminou
[sua vida
e nossas vidas prosseguiram   Na cruz morreu Deus
Na cruz morreu a vida
morreu a morte   Um verdor transparente
emana do menino morto
como uma névoa azul
de vida transformada em morte

O morador da casa azul

I
Escuros não são escuros
e luz não é luz
Escuros apenas aparentam ser escuros
como a luz é luz   Mas mesmo assim apenas para os vivos, não
para os mortos   E por que distinguir, como perguntou
                                [Rilke, dessa forma
os vivos dos mortos? Ou se deve distinguir
claramente vivos de mortos, luz e escuridão, deve-se
fazer essa distinção, sempre e em todos os lugares? Eu vejo,
                        [quando vejo a casa azul, onde
até pouco tempo atrás morava um homem que conheço
                                [desde que eu era pequeno, que o escuro
não são escuros, que a luz não é luz
Que a vida não é vida
e a morte não é morte   Vejo a casa azul, onde ele morou, ele
que morreu nesse inverno
e vejo que a luz não é luz
e o escuro não são escuros   Relaxo quando vejo
que luz e escuros não existem   E relaxo ainda mais quando
                        [ao mesmo tempo vejo
que existem o mar e as montanhas e o céu e os vazios
e que nada existe
Para os mortos não existe nada
Tudo está lá, e se vai
Nada existe
Pessoas e pensamentos são música de luz e escuros que não
                                    [existem
(A música que é fluxo

no rio que é fala, pode-se dizer
Mas música é música
e fala é fala
O que é música
O que é fala
Como a fala é como a música
Sem música, não a fala, pode-se dizer, pode-se por exemplo
[deixar
a música transmutar
as palavras em que cremos
naquilo que não são palavras para crer

e tudo cala até a mão começar a contar
que alguém um dia esteve aqui
Agora aqui não há mais ninguém
Agora é o vazio
e diante dessa mão só resta deixar que todos os argumentos
sejam tão datados e indefesos
como um pássaro morto   Roupas velhas
que cheiram a guardado
a como a vida deveria ter sido
Uma ânsia do passado
Velhos corpos desfeitos
o velho e o novo
o certo e o incerto
Nada pode se comparar à felicidade diante
daquilo que para sempre se perdeu (Algo
se compara
ou supera? Sem ser tão bom quanto?
bom-melhor-excelente
felicidade, tristeza

felicidade acima / felicidade abaixo / felicidade ao lado
[(rente)
isso
sim isso!
desse jeito, sim desse jeito!
para sempre?
para você? para mim? para Deus?
Para sempre?
Sempre? Todo o tempo?
tudo e nada, tudo: absolutamente, como ser, como nada
tudo e nada é no fim das contas o mesmo, como Hegel pensava
como sempre, todo o tempo

Sou uma invenção vã

Abandonei as roupas deles

Não faço mais parte

II
girando em círculos, abra
Deixe ir, dê voltas: no verdejante segundo da véspera
apanhe um pedaço de junco apodrecido
ponha-o de lado, tal como o seu avô faria,
pois uma velha bengala pode vir a calhar
no inverno quando faz frio
na casa e é preciso acender a lareira,
então largue a bengala e acenda a lareira, ainda que faça calor
e as roupas não precisem de algum tipo de cor
melhor que todas as roupas fossem pretas
melhor que o cabelo simplesmente fosse

comprido como o cabelo dos deuses
Não sei mais aonde vamos
com todo esse sentido
que é o limite ao qual devo me ater, como um abraço divino
é assim que começa a crença
que portanto apenas se veste
com o nosso desaparecimento, e as roupas velhas e novas
nos deixam ir como flores
pelos descampados que conhecemos
e pelos que desconhecemos

É bem assim que deve ser
É tão pouco o que sabemos, dizem
Não sabemos nada
saber é impossível
Não sabemos
São apenas imagens
e tentativas (mas seria melhor sem elas? etcetera

Esqueça tudo que já ouviu sobre o amor
dito ou não dito, o melhor disso deveria
ser justamente o que não é dito do que não se disse
que vem num dizer diferente:
dai-nos o dizer diferente
tudo é imperfeito
inclusive eu

Não faço mais parte

Sou uma causa perdida

Pouco restou
Mas os fragmentos

do fiorde que se insinua
com suas luzes e cores
não se podem esconder
A velha madeira
Árvore, e um vento com o qual o coração ainda pode se
                                        [contentar
Não estou mais presente

Não faço mais parte

não vejo outro lugar que não existe
para o qual agora eu possa ir
Mas digo que creio que um outro lugar deve existir
Pois eu sou um outro lugar
Não estou aqui
Proíbo a mim de estar aqui
Estou no azul sempre mutante
Estou na perpétua transformação das cores
Estou na memória dos mortos
Não estou aqui
não quero estar aqui
Não me divirto, não suporto, não dou conta de estar aqui
Trilhei meu caminho
Deixei meu cabelo crescer
Ziguezagueio pelo caminho e não estou mais presente

Não quero mais
Já andei
e agora sou um homem que segue adiante
Não me visto com roupas finas, para celebrar

Sempre sigo adiante (Sim eu vejo vocês zombando da
                              [verdade que os cerca
vejo vocês acreditarem no que acreditam etc.

Não posso deixar que alguém permaneça naquilo que foi dito
onde ninguém deveria estar
Não estou mais com vocês
Deixo o violão tocar, embora ninguém veja o violão
ninguém consiga ouvir o violão
vejo que o violão está no outro lado
embora o outro lado não exista
Digo que o outro lado não existe
e com isso existe, para mim, o outro lado
deixo a velha mão sustentar
o sublime
que se manifestou
do violão que o céu toca

Por exemplo

quando escurece
os nossos olhos constantemente se renovam
uma antiga fronteira se levanta
com nova roupagem: um redespertar
Um redestruir
lentamente observando
nos preparando
para uma hesitante alegria
Carrego o peso de
uma penetrante alegria

de uma abertura que se fecha

E então retoma nossos hábitos

POEMAS 1994-1997

A mão clara

A escuridão se acalma agora   Acalma-se tanto
que alguém pode até ver
a minha escuridão se transforma
e se torna uma calma
na escuridão
como a escuridão tranquila da escuridão   Uma calma
                                            [na escuridão

lentamente emergindo das horas
que foram
deixadas
e de novo são deixadas
para endurecer
e constantemente se abrir   Hora após hora
ano após ano
experiência após experiência   Uma pedra   Uma pedra
                                              [como eu
caminhando no escuro   Pois eu caminho no escuro
e não vou a lugar algum
Caminho no escuro e suplico a todos vocês
por uma mão clara
uma ocasião como esta

Todos estão vendo

quando eu de novo e de novo
afundo nesses sons incompreensíveis
cheio
e ao mesmo tempo
voltado para algo diferente
na sua compreensão
pesada e ininteligível
Pode muito bem acontecer de eu não querer mais
ali sentado
rente a uma janela
olhando para os movimentos das nuvens
e para os movimentos do lago
Não quero mais
Estou sozinho
num flutuar úmido
de solidão apreendida
e passo a mão no rosto
Ali sentado
Ali sentado num movimento brilhante e úmido de terra
                                        [e escuridão
que sou eu
em mim
Desisto, eu acho
Agora chega
desisto
eu acho, e então de repente
não sou eu quem vê, mas um
olho de todos eles
que vê e vê

através de mim
e me vê
como aquilo que eu vejo
E eu me vejo sorrir e vejo que meus olhos se enchem
E vejo que sou parte de um contentamento que nunca
posso esquecer

As montanhas não estão mais juntas

e o fiorde se expandiu num
movimento contínuo
que contudo não se move
mas é estático
como movimentos no movimento   A quietude não é
                                [mais perceptível
mas, como o movimento, se abaulou
e se converteu, com o fiorde branco, num céu de luz
tão parecido com uma escuridão num escuro   Não
                                [tenho mais nada a dizer
e sinto o céu me acariciar os cabelos
e assim deixo o fiorde ser fiorde
em todo o nosso sopro   Deixo os outros acharem o que
                                [quiserem
e continuo a respirar na segurança inabalável
da quietude sem sentido
que pode ser dobrada
como se dobra uma montanha
como movimentos no movimento   Não tenho nada a
                                [declarar
Não faço mais parte
então me levem aonde quiserem

Olhos ao vento

[2003]

Eles são como barcos
num oceano

vasto como tudo que é
muitos

barcos
pequenos

e pequenos e imóveis eles jogam
de um lado
para o outro

no imenso oceano

barcos
dentro do grande barco

o grande barco do oceano

o barco tão grande quanto o oceano

o barco que é o oceano
e que vê o oceano   Os barquinhos no grande oceano
Vejo os barquinhos no grande oceano   E abraço

a borda da mesa à minha frente   E que esse amor que
[eu tenho
permaneça com vocês
os meus amados

um dia quando a escuridão não for aparente
mas palpável
uma escuridão de pedra
e de um vento impenetrável

um dia quando o vento na escuridão for intransponível
e impenetrável
como uma rosa negra
em riste
e pronta
para tudo que vier

velhos tempos
e antigos amores
renovados
pela harmonia
que abre seu caminho
pelo escuro

e do escuro
tão parecido com um amor
que respiramos com gosto   Eu lhe peço
abra a janela
e me deixe ver
que o fiorde é azul
E no fiorde há barcos
e o vento é transparente
e é como amor
nos seus cabelos

A água azul se agita
E o céu diz
que a concórdia
reluz
através de nós   Deve haver tempo
para o amor
e para que o velho vento
nos mostre de novo
e nos deixe ir até lá
como jovens crianças
daquele tempo
que nunca chega

Uma janela conta
o que nunca antes foi visto
o que agora
há para ver
os dias nunca antes sentiram
o que agora há para sentir
Este amor
é muito tangível
é demasiado feliz
é imenso
para o pequeno coração   Um homem

não mais conta suas histórias
Ele não tem mais nada a dizer
Ele olha para o vento
ele olha para o céu
ele escuta a escuridão
e os olhos só veem   Ele vai

e ele vê um rosto
Ele vê um rosto que surge e desaparece
diante de si
no vazio
alguns traços
pequenos
flocos brilhantes de amor
que ali estão
e desaparecem

no escuro que lhe pertence
A sua mão se revela
como água gelada ante o calor
que emerge do sargaço
e da areia espalhada sobre os rochedos na praia
O vento que vemos é evidente
E felizes como estrelinhas
somos
aonde vamos
juntos
na distância
que o ar nos dá
e ali nós
cada um no seu rumo
na completa e inteira concretude
caminhamos um ao encontro do outro

Não faz tanto tempo
apenas alguns dias
talvez alguns anos
algumas semanas
Aconteceu assim
Estava lá
e então sumiu
Veio
desapareceu
se foi
embora
como um movimento oscilante
dentro do qual se pode ver
e abandonar
e ficar
sem que nada
mude

não é possível que
tivesse que ser assim
e eles não quisessem
entre tantos atenuantes
agir como se tentassem se explicar
por uma ou outra razão
nas perspectivas das estrelas e da luz
do mar e do céu   As extensas praias
os ventos hostis
desenhos
de luz e treva
que nos fazem concretos
e então se despedem de nós
num estrondo

de solidão conformada
iluminada por um sol
insondável
como movimentos do vento
como o eterno canto das ondas
para as montanhas luzidias   Eu levanto a mão e aceno

e me sinto livre
e feliz   A distância aumenta

e é insuportável a liberdade

que permanece

1
tão alto
na noite
um trem ruidoso
e todo o seu largo movimento
tão alto
no dia
uma noite iluminada
maior do que as casas deve ser
e então vem
das sombras e noites e árvores

um brilho

do dia o clarão

2
e nós voltamos
e nos vestimos
da maneira mais elegante
e abrimos
o vento mais úmido
e o iluminamos sobre a noite   Eu vou

através dos ventos e dias e anos   Ouço a chegada
e a partida   Sinto minha sabedoria e sei eu compreendo
Curvo-me e vejo que lá está   Apuro os ouvidos

e me habituo a isso   Pois apenas vejo
que a luz ela ilumina
e o dia ele avança

3
um crepúsculo
explica seu amor
e eriça seus pelos compridos

e eu vejo que ele vem e vejo que ele vai

e permaneço na minha loucura
e apenas entendo

um vento
rosa
lilás
e marrom e pouco azul

e um dia
com seu verdor que prenuncia
a primavera
antes que tudo fique
dormente
numa óbvia indiferença
indizível como um dia
muito antes de um dia quando

cautelosamente roçamos um no outro
e olhamos para cima
temerosos
abertos
e alertas

indo e voltando

o que vimos
o que fizemos
os lugares em que permanecemos
a maioria dos dias
que passamos lá
a maioria das vezes
que lá não ficamos
mas prosseguimos
sem ver mais nada
apenas fomos
apenas fomos em frente
apenas desaparecemos num dia
nas noites
apenas ficamos ali
apenas permanecemos
e não desaparecemos
não fomos a lugar nenhum
não ficamos lá
apenas desaparecemos

eles desbravam as montanhas
sempre foi essa a intenção
percorrê-las
tranquilos
conscientes
como riachos
eles percorrem as montanhas
e não se movem
são pequenas sensações imóveis
no que se afastam um do outro e na direção do outro
num vaivém que nenhum deles jamais
chegou a aceitar
ou a admitir que compreende
Eles passam
constantemente por novos marcos novas referências
de um lugar
que já conhecem tão bem
e ainda permanecem ali
como a mão que segura
como um lugar em que se pode estar
quando não existe lugar algum
a que se pode ir   Ela vai pela noite
ela vai por mais uma noite
ela conta histórias que nenhum deles
antes ouviu
e ele a ouve
escuta
não se adianta
e então se contém e encontra um lugar

no íntimo
nesse vão de felicidade
que paira através dele
e irradia na direção dela
se esvaindo
constantemente e sempre se esvaindo
Ele fechou sua janela
Ele vai
Ele diz que agora tem que ir
e agora não volta mais

As estrelas têm sua noite
e a noite tem suas estrelas   Eu saio pela manhã e
escuto um violão   As estrelas habitam a noite
e a noite dá às estrelas sua luz   Seguro sua mão
e você segura a minha   Nos aventuramos dentro de nós
e também pelo mundo   Eu carrego uma velha canção
e você carrega um velho luto   Não sou belo
mas você é bela
Assim tudo fica bem
Assim tudo é o melhor que pode ser   Vejo seu rosto
branco como um anjo prostituído
e totalmente sem
aquilo que um rosto deve ter
é apenas um rosto
é apenas um sopro
uma respiração contínua
e arfante
Acaricio sua bochecha e você não move o rosto
Me deito junto às suas costas
suadas no calor do verão
e você se mexe
Olho para você
e você olha para baixo
e então a parede é tudo que existe
Deito-me rente à parede
e a vejo caminhar pelo quarto
e não sei se acho que você é bela
ali onde está
com seus braços com sua barriga com você

Deito-me rente à parede
e a chuva chove através de mim
e eu sou a chuva
sou a água
que então escorre
pela
parede ao meu lado
e afunda E você permanece ali Eu afundei E então a parede

Tantas noites e tantos dias
madrugadas anos   e espera
uma procura interna por aquilo que desaparece

e externa por algo que talvez possa vir   Eu vi você

e você estava nítida ali
em tudo que eu por tanto tempo fui

onde eu desapareço
e me revelo   Eu vi você

e você não mudou
apenas ficou ali parada
como um farol
em pleno mar
na noite escura   Caminhamos juntos

e isso não podíamos fazer você tinha que ir
para outro lugar você precisava ir   E eu a vejo partir
E vejo sua ausência se tornar uma condição
quando ergo minhas mãos
e vislumbro entre os dedos a lâmpada
e então afasto as mãos
e aceno
e quanto mais aceno para me despedir
mais você se aproxima
e quando ninguém mais chega
lá está você de novo

a chuva conta sua história monótona
e nós ficamos ali
velhos
quase velhos
ficamos ali escutando a história

que nos atravessa
e que somos nós
somos nós na chuva
que cai   E a chuva que cai   E você

ali onde está
aberta
fechada

dizendo que eu
eu não sou nada
eu não existo
eu não significo nada
eu não sou assim
você diz   E então a chuva
E então você
ali parada na chuva

o desespero que se entranha
em todas as florestas
com as árvores
todos os mares
com os peixes
todas as montanhas
com a neve   O desespero

também me mantém desperto
e me deixa adentrar dias e noites

Nas mãos eu carrego um movimento rasgado
e o chamo de desespero   Mantenho o rosto erguido
e me ofereço com todos os disfarces que tenho

Há muito tempo alguém me disse
o valor de tudo   atravessamos dias e noites
e somos gentis com quem gostamos

isso tem que parar   Eu a vejo e
você me vê
e o desespero se alarga
dentro de nós
até diminuir
e ser possível ver através dele
detalhes como o desejo de comer
de calor
de alguém que tome conta de nós
e então você toma conta de mim

e então eu tomo conta de você
e vamos
renovados
em todo o nosso velho desespero
dando voltas pelas ruas
fingindo que não é nada

fartos da chuva um do outro
dos outonos
dias
anos
e das saudades brilhantes
que não podem ser ditas
dizemos
dizemos
dizemos com aquilo que somos
que percebemos
que ali estamos
estamos na água
onde não há luz
onde não é escuro
onde apenas é   Somos a água um do outro
na chuva um do outro somos velhos somos jovens somos
                                        [ousados
temos medo sabemos e não sabemos   Estamos na chuva
                                        [um do outro
calados
e sonhando acordados e olhando desesperados e
caminhando
bravamente e como duas crianças espiando por uma janela
e como se assistíssemos a nós mesmos correndo diante da
                                        [janela

escorremos pela chuva
exatamente como crianças   Ficamos na chuva
e é a chuva que somos   Seguro sua mão
você não diz nada
você apenas é
sua própria chuva
e nós chovemos através do outro
através do escuro
através de tudo que é
e tudo que já foi
chovemos   Você chove através de mim
e eu chovo através de você
e nos entreolhamos
e não compreendemos o que somos
o que acontece   Ficamos na chuva
e chove forte
dentro de cada um de nós

o amor que me arrasta pelo vento
é maior do que eu
é maior do que as horas que eu posso contar
para dizer que esse sou eu   O amor

no qual estou inserido
transforma meu coração e o exibe
como algo que você pode pegar
ou largar
preto

E você olha
e se volta na direção do que não existe
assim como eu
o tempo inteiro
estou voltado para o que não existe
em você

E seguimos
orgulhosos
penetrando a escuridão de cada um
iluminados
como anjos
em cada um de nós um anjo duplo
preso na sua divisão
e revelado
como uma luz negra

Estou no vento
A chuva goteja do céu
Abro as minhas roupas
Tateio
e vejo o movimento em mim
que desaparece
e se torna um movimento maior que me mantém alerta
à medida que me abandona

mãos invisíveis nos guiam
ao redor ninguém vê as mãos ninguém sabe delas
mas sem essas mãos os mantos negros nos nossos corações
nos conduziriam a um tumulto atroz
onde estaríamos
e não poderíamos ver

São essas mãos invisíveis que instilam sua música tranquila
em nós
como uma ânsia crescente
e invadem esse silêncio
e permitem que os dias sejam vividos

noites azuis
quando a friagem reverbera pelas mãos
e os pés não mais se movem
mas ficam imersos no lago azul Uma atração muda
espalma suas mãos sobre todo o lago Um aperto no
                                            [coração
com todo o seu peso sobre
um lago ainda mais azul O silêncio é denso
e não pode ser dividido
desliza por entre os lugares que existem
e se torna um peso nas nossas mãos Eu peço a você que
                                            [não vá Eu não
posso ver
esses dedos azuis e cinza sozinho Eu sou sozinho demais

os dias vão desaparecer
os dias vão se tornar um nada
em que caminhamos de mãos dadas
ao vento
que sopra através dos nossos corações expostos
e desemboca num lago azul
ao longe   Um sol se reflete no lago   A mão fala
enquanto desaparece
sobre trabalho e compaixão   A luz é baixa
e o silêncio é um peso
e com ele se afunda junto
para baixo
para cima

até o movimento parar no seu movimento
e o coração ser um coração tranquilo

e o vento ser um vento tranquilo

e o dia ser um dia tranquilo

em que a noite repousa
em silêncio

no lago sereno

sob os olhos reluzentes do céu
sentaremos
ao lado do mar calmo
para vê-lo azular
e erguer seu rosto   E então
enxergaremos aquilo que
nos faz tão azuis quanto o azul do céu
e em nossos corações o movimento será
como o movimento das nuvens
azuis
de um brilho cautelosamente invisível

um velho
toca uma canção
que é ele próprio
e a deita no colo Levanta-se Esvazia um cinzeiro
e continua
a tocar sua canção Acende mais um cigarro
Contempla o fiorde
Vê a fotografia sobre a cômoda. Aponta para a foto
Ergue
a mão
e descreve semicírculos soltos no ar Levanta-se

O fiorde além da janela está em constante mutação
As montanhas sempre estão lá
mas nunca são as mesmas São
e não são
como tudo mais Uma mão segura outra mão no escuro
e tudo faz tanto tempo
e tudo é exatamente agora   Ele se acerca do seu amor

e vê um rosto invisível na lareira
como tantas vezes antes Ele aponta para o rosto Ele se senta
Ele entrelaça
as mãos no colo

o sol vai brilhar
não aos brados nem piscando
mas tranquilamente
no azul
O dia será calmo e os movimentos na luz
que temos juntos
vão ondular
inteira e calmamente
Vamos nos dar
as mãos
e apenas ficar sentados
Tranquilos Gentis
no meio da luz azul

você é tão notável
presente
em todos os detalhes
de tudo que faz e deixa de fazer
Se vai até ali
Você o faz lentamente
mas para você
é tão infinitamente rápido
Você é meu maior amor
Se tenho que dizer o que é o amor
então devo dizer seu nome
Você é meu amor
Você é seu próprio amor
Você é amor

durmam, meus amores

uma casinha branca
uma estrada por onde caminham matronas
uma a uma
duas a duas
elas vão carregando suas bolsas

e então pode-se ouvir uma canção

e então cochichos

e então o aroma do café se espalha pelo corpo delas

um trator passa pela estrada

um fiorde
projeta sua luz dentro das janelinhas
da casa branca

ouve-se uma prece

e mais uma canção

em seguida a noite cai serena e o fiorde se projeta rumo
[à terra
e as matronas vão para casa

em pequenos grupos E então a minha avó

lá no quintal
diz que precisa guardar o dinheiro da rifa
na caixinha
do armário

depois eu e ela iremos ao celeiro
as ovelhas precisam comer
e eu vou ajudá-la
a carregar o feno do silo Durmam

meus amores

E seja um Deus bonzinho

Levo comigo uma antiga foto
e saio à rua neste dia lento
em que a luz
não se transforma
mas então eu
me deito na luz
e tento de todas as formas desaparecer sumir ser algo mais
do que eu mesmo
nos meus movimentos inúteis, imóveis e repentinos
abruptos
desajeitados
fragmentados Um certo
abandono de todos
abandono de mim mesmo. Um movimento lascado Uma
                                    [desistência Um lance
de escuridão
Um retorno sempre
aos cacos Um constante regresso
e então Adiante Esses espinhos na alma
Essa desistência
incessante Tenho o olhar perdido na janela
e pergunto se você pode me contar algo
Me levanto
Recobro os sentidos e mergulho no dia

as tábuas molhadas nos aproximam cada vez mais
as tábuas molhadas
e o vento que atiça a copa das árvores
na invisível escuridão
que vislumbramos
ouço o rio
ouço a cachoeira
Sento
e então ergo o rosto
e a chuva molha o rosto
Quero segurar na sua mão
mas não a encontro
Estou sozinho
Abro a janela e ouço a escuridão
através da chuva
Não vejo luzes em nenhuma casa

Vento e sol
e o olho que vê
orlas se erguerem
e desaparecerem
no mar e céu
E os dias
com seus ecos de turbulência
de uma luz
reunida numa pessoa
que invisível se ergue da terra
em direção ao céu
e tenta reunir aquela luz
que existe
aonde vão
os velhos
os jovens
aonde vão
na sua luz
e na sua treva   Há ondas
que mantêm o vento soprando
e o sol em sua luz
não abarca
tudo que queima
mas deixa desaparecer
e se fundir à luz azul-celeste
antes que a noite negra
vire uma áspera escuridão
quase reluzente em seu negrume opaco
em que as estrelas despontam

e em silêncio enviam sua luz
de onde estão
e também profundamente em nós
aqui vamos
velhos
jovens
cansados
e impregnados
pela claridade da madrugada
em nós   Ergue-se
uma luz
da terra
que estende as mãos
uma luz da claridade da madrugada
uma mão invisível
de luz
nos cerca
e nos conduz ao grande firmamento
Isso as ondas não param de contar
As ondas do oceano
contam
dizem
contam
E isso não se pode contar
E isso não se pode dizer

Reme meu mar
Reme sua luz
o lugar onde nós todos moramos
reme meu mar
reme-se adiante
reme-se adiante
ao local onde nos encontramos
onde exibimos nossa terra
como grandes anjos
que os mais jovens não conseguem ver
Reme meu mar
Reme sua luz
reme-se
à claridade da madrugada
onde um vento
nos conta
o que ninguém pode contar
ninguém pode dizer
Reme meu mar
reme-nos adiante
reme-nos adiante
até onde nosso barco
torna-se um olho
de vento e céu
um olho que vê
a grande cruz
que se eleva
do mar
contra o céu

uma cruz oculta vibra
da terra
e sobe aos céus
voltada aos homens
que estão na sua terra
nas estradas
pelas ruas
nas suas casas
em que se exibem
e se ocultam
onde não veem
onde uma única vez veem
que barcos
que muros e antigas casas
que o amor
têm em si
o som de ondas
como uma coleção
um caminho
por onde a luz dos homens
rema seu barco
para dentro
onde as sombras
nos deixam
numa música mais tranquila

E então vemos
E então podemos ver
tão parecido com o grande céu azul
em todas as suas mudanças
sempre mutáveis
lá além das ondas do mar
que contam sua verdade indizível
sobre uma cruz
de luz
uma cruz
que pode ser vista
que está lá
que está em cada um de nós
e que está lá
sobre o mar
subindo ao céu
assim como aquilo que não é
e ao mesmo tempo é
pode ser
Exatamente como os homens
Somos
e não somos
e é aqui
que nos tornamos nosso movimento
que nos rema adiante
nos rema para trás
nos rema para dentro das nossas casas
e em nossos barcos
sob o grande céu
sobre o imenso mar

Lilás como uma flor lilás
e dourado
como o mar
em que
ninguém conta suas
imagens esquecidas
de árvores sempre mutantes
e flores
onde damos nossas vidas
e assim a vida renasce
e se permite
para assim reaver
um nada de luz

a criança se explica

Não existe coisa alguma
Existem muitas coisas
Existem casas
e existem carros
E eu existo
Mas não existo
Eu existo e não existo
Aqui estou
e também aqui
mas você também pode dizer
que não estou aqui
É assim que são as coisas
Eu não estava aqui
Eu estou aqui
e mesmo assim
não estou aqui
Mas não estou em nenhum outro lugar
também
Pois não existe esse outro lugar
Esse é um lugar
Há lugares em todos os lugares
Há pessoas em todos os lugares
e as pessoas estão
e não estão

tal como eu
Essa é a minha explicação
É assim que eu penso

E também penso
que
quando estou aqui
e quando não estou
então estou aqui
e então não estou aqui
E eu aqui estou há tanto tempo
E ali
ali já estive antes
ali não estive
mas claro que estive e
de certo modo
tal como eu agora
tanto estou como não estou
aqui eu agora estou
É a minha explicação
Existem lugares que não existem
então
só pode ser isso
Mas claro que tais lugares não podem ser lugares
É só algo que se diz
isso
lugares
pois é preciso que se diga
E não se pode dizer
que aquilo que não é um lugar
não possa ser um lugar
eu acho
isso
É assim que são as coisas
mas não tem nada a ver com
achar

É a minha explicação
É assim
tal como não é
e mesmo assim é
é isso que importa
e pode muito bem parecer com um céu azul
ou com um sapatinho
exposto ao sol
largado sozinho
junto a um antigo banco de madeira
por exemplo
ou pode então parecer
duas grandes botas
ali na chuva
ou pode parecer com as ondas ali
arrebentando no rochedo
Ou com os seus olhos
E com o seu cabelo
Com a maneira que você
bem ali
acena
você apenas acena
mas justo ali
não foi isso que você fez
você fez outra coisa completamente diferente
E o sapato
junto ao banco de madeira daquele jeito
não é apenas um sapato
junto a um banco de madeira
não desse jeito como está
e com a luz agora
chovendo sobre ele
É a minha explicação

a criança protesta

Não quero ser bonzinho e gentil
pois você é bonzinho e gentil
pode continuar sendo como é
como outros dizem que são
ser assim
Quero que aquilo que não é
esteja ali
Quero fazer o que quiser
não porque quero
mas porque tudo então se torna outra coisa
do que se eu deixar de fazer o que quero
E nessa outra coisa
é nela que se ilumina
tudo que de outra forma
não se ilumina
e apenas
é

Eles atravessam essas paredes caminham por esse chão
                        [e raramente ficam parados

Eles caminham

Eles caminham e raramente ficam parados

Eles caminham

Eles sabem de algo
e não podem dizer aos outros o que sabem

Eles caminham
e raramente ficam parados

Quem são eles
ninguém pode dizer
mas eles caminham
e caminham

e raramente ficam parados
cada vez mais raramente
eles ficam parados

Enquanto a manhã derrama sua
noite sobre você
você dá um passo à frente
num dia em que
você se apega às suas humilhações e antigas brechas
e deseja que o dia com sua noite
chegue logo em devaneios
em seu silêncio escrito
como uma embriaguez que vem e vai
que repetidamente o afasta desse quarto tomado
por um barulho insuportável
no meio do silêncio
Eu não entendo
Construo uma casa com dedos delicados
antigas saudades
engrenagens pesadas
dentro de mim
contra o mundo do qual vem
o meu tempo
Toco uma canção
na direção do dia
Abano um vento
na direção do silêncio
Desato a sonhar
nessa vontade indomável

um dia
e talvez seja hoje
será possível
ou não será
enxergar algo
entranhado
no que desaparece
no que ocupou seu lugar
no meio de tudo mais

como a velha luz no dia
ou explicação
revelação
velha
obsoleta
tão velha
como o ranger ancestral
das velhas vigas de madeira
que mantêm a casa em pé
e a fazem desaparecer

dentro da casa que talvez pudesse ter sido
caso não tivesse desaparecido
e se transformado

e se transformado numa casa
uma outra vez

uma casa uma outra vez

e um outro lugar

dias escuros que tardam e um silêncio
que nunca sabemos se existirá
se não o enfrentarmos como um dia
de olho na janela na expectativa de mais uma vez desbravar
essa luz
esses dias
esses velhos dias que desaparecem
essas horas de
horas irreconhecíveis
de lembranças desesperadas e de um alento que sempre vem
em que os velhos deixam que suas tentações esquecidas
se tornem algo que nunca retorna
e se convertam em sua própria tentação
em sua própria luz que se revela
em seu próprio e antigo dia que se revela

viviam tranquilamente
e como se não pudessem ser encontrados
alhures
e assim fosse
possível não mais
deparar com dias
de velhos instantes sofridos
e de velha música
numa cadência
finamente articulada

e assim se organizaram
em suas filigranas
de silêncio
e se tornaram seu eco azul profundo
persistindo em seu silêncio

escancararam-se
deixaram estar
ali ficaram
silentes como gestos
ali ficaram
iluminados como luz
ali estavam
sem se afastar
ali estavam
como gestos concretos
na pedra
é ali que estavam
ali estão
em seus movimentos
movimentos grandes como a noite
e sua felicidade é grande
como o mar
e eles são grandes como o mar eles são
e casas sob o mar eles
são eles são eles são

algo sobre o ator

no que se move
como a vida
sempre em gestos apaixonados
é algo tranquilo
e pesado
como a própria vida
é pesada   Para uns
a vida se torna leve demais
e ao mesmo tempo demasiado pesada
e eles se alheiam do que acontece
e ali permanecem
trêmulos
tímidos
sem saber o que dizer
sem ter nada a dizer
e portanto algo deve ser dito   E eles seguem adiante
a passos leves e em linha reta como o vento
eles avançam
e então permanecem
com o peso de si mesmos
na luz um do outro
enquanto a timidez
se desfaz
e se enleva como o anjo canino

E então as asas do anjo se abrem
e os envolvem

E então é dito

Eis aqui alguém
que então se vai
num vento
que desaparece
para dentro
e esbarra nos movimentos da pedra
e se torna sentido
numa unidade sempre nova
do que é
e do que não é
num silêncio
em que o vento
se torna vento
em que o sentido
se torna sentido
em movimentos perdidos
de tudo que já foi
e ao mesmo tempo é
de uma origem
em que o som carregava o sentido
antes de a palavra se cindir
e desde então jamais nos abandonar
Mas está
em todo o passado e em todo o futuro
e está
em algo
que não existe
nos limites difusos
entre aquilo que já foi
e aquilo que será

É infinito e imensurável
no mesmo movimento
Ilumina
e desaparece
e se faz permanente
enquanto some
E reluz
na sua escuridão
enquanto conta
que cala
Não está em lugar nenhum
Está em todos os lugares
Está próximo
Está longe
e corpo e alma se encontram
num uno
e é pequeno
e tão grande
como tudo que é
tão pequeno como coisa alguma
e encerra toda a sabedoria
e coisa alguma sabe
e em seu íntimo
onde coisa alguma se separa
e ao mesmo tempo é si mesma e tudo o mais
nessa separação
que não é separada
numa limitação sem limites   Assim eu a deixo ir
numa presença óbvia
num movimento que desaparece
e circunda o dia
onde a árvore é árvore
onde a pedra é pedra

onde o vento é vento
e onde palavras são uma unidade incompreensível
de tudo que já foi
e tudo que se vai
e dessa forma permanecem
como palavras de consolo

Canções
[2009]

Canção infantil

Uma criança com seus olhos espia
e se dá conta de que azul é a lua
Uma criança com seus olhos espia
e então decide sair à rua

Uma criança vê com seu desejo
e vê que a mãe a acalenta
Uma criança vê com seu desejo
e diz exatamente o que pensa

Uma criança vê com o coração
e vê que a pedra é bonita
Uma criança vê com o coração
e sabe o que ninguém cogita

Canção da menina

Uma menina abriu seus olhos
e viu tudo o que viu
Uma menina abriu seus olhos
e viu que o céu era azul

Uma menina abriu seu desejo
e viu tão real quanto perto
Uma menina abriu seu desejo
e viu que o vento era certo

Uma menina abriu seu juízo
e num vagar sossegou
Uma menina abriu seu juízo
entendeu e andou e andou

Canção do amor

Existe na vida um amor
cujo fim jamais será o luto
Existe na vida um amor,
em cada momento e cada minuto

Existe na vida um amor
que sabe e sabe e sabe somente
Existe na vida um amor
e claro que ele é silente

Existe na vida um amor,
que é o oposto da morte,
existe na vida um amor
eis da vida a maior sorte

Canção do você

E você me ouve chegar
um dia no seu coração
e me deixa entrar

e me deixa
sumir

      na saudade que temos
na saudade que fomos
      na saudade que faz
que sejamos e somos

e me deixa sumir
      no amor que temos
e me deixa cantar
      sobre o amor que fomos
e me deixa cantar
      sobre o amor que somos

ali ficamos e vemos
ali ficamos e pedimos
ali ficamos
e nada entendemos

Canção do em mim

E em mim sempre houve um hiato
tão grande como o dia ante a noite
E em mim sempre houve um hiato
é aqui que ele está, sempre presente

E em mim sempre houve um agito
tão grande como o dia ante a noite
E em mim sempre houve um agito
é aqui que ele está, sempre presente

E em mim sempre houve uma dor
tão grande como o dia ante a noite
E em mim sempre houve uma dor
é aqui que ela está, sempre presente

Canção da lua

A lua sempre a brilhar
nos cobre em seu manto dourado
A lua sempre a brilhar
nos diz que não existe pecado

A lua sempre a minguar
se vai a um lugar escondido
A lua sempre a minguar
mantém intocado o segredo

A lua sempre a nascer
nos dá sua luz abundante
A lua sempre a nascer
nos acompanha nesse instante

Canção do querer partir

Estou velho como uma tábua rota
e pesado e lento é meu fôlego
Estou velho como a lavoura
a sombra do que um dia foi

O que existe é o que houve
de tantos os que conheci
em breve ninguém mais será
Estou velho e quero partir

Estou velho e quero partir
reencontrar quem um dia eu já vi
A vida é tão longa e tão breve
Estou velho e quero partir

Primeira canção do cão

Somos na vida dois cães
Cheiramos, brincamos e queremos
Somos na vida dois cães
Apenas somos e não sabemos

Em torno de nós nossos corpos
Que somos e até não somos
Pensamos e pensamos e pensamos
Sem saber nada, dizemos

Somos na vida dois cães
Lambemos, brigamos e depois
Somos na vida dois cães
e nos habitam outros dois

Segunda canção do cão

O cão se mexe e remexe
tentando chamar a atenção
Primeiro apontando para a árvore
depois para o coração

Pela mão ele o arrasta
e diz: de você eu gosto
O cão aponta para o sol
e então para nós outros

O cão descansa na grama
e então no seu colo se aninha
Pois tudo ele sabe de cor
você que não sabe nadinha

Canção dos olhos

Seus olhos me trazem de volta
do escuro que à frente se abate
Seus olhos me trazem de volta
sorrindo acanhados à noite

Seus olhos dissipam a névoa
e de novo os cenários se mostram
Seus olhos dissipam a névoa
e ao imenso azul me transportam

Seus olhos invadem meu peito
me dizem que posso viver
Seus olhos invadem meu peito
me fazem de novo querer

Canção do medo

Ouço o medo chamar
e tudo é um vento incessante
Ouço o medo chamar
na minha sofrida mente

Ouço o medo implorar
pedir por sua vida brilhante
Ouço o medo implorar
embora assim mesmo contente

Ouço que o medo se foi
deixando uma porta entreaberta
Ouço que o medo se foi
mas lá ele está, sempre alerta

Canção do amor que é

O amor é espírito que traz
a vida a quem quer que seja
O amor é o típico hábito
de quem deseja e não deseja

O amor é uma alegria
e também aflição desmedida
basta atrasar alguns passos
que o amor já está de partida

O amor é a lamparina
que acende e então se extingue
O amor é uma centelha e dele
ganhar ou perder é a sina

Canção do eu que bebe

Eu bebo como um homem
que perdeu um dente
Eu bebo como um gato
um bicho que nunca se sente

Eu bebo como uma cantiga
um canto perdido no espaço
Eu bebo como um time
que joga em descompasso

Eu bebo como um vento
que sopra bem lá atrás
Eu bebo como uma ovelha
que ali morta jaz

Canção do eu cansado

Estou cansado como um peixe
largado na areia da praia
Cansado como um peixe
que está fora da raia

Estou cansado como um pássaro
que passa a noite cantando
Cansado como o ladrão
que rouba o ouro do banco

Estou cansado como um sol
que brilha o dia inteiro
Cansado como o menino
a quem ninguém põe um freio

Canção de quem já não vê

Já não vejo ninguém
entoar canções pela grama
Já não vejo ninguém
desfilar toda sua fama

Não vejo nem mesmo as horas
ecoando seu fio de voz
Não vejo nem mesmo as horas
dizendo que era uma vez

Não vejo nem mesmo os dias
de trilhas e canções depois
Não vejo nem mesmo os dias
de paz e sossego para nós

Canção de quem não sabe

Não sei o que devo ser
sou só o que cabe a mim
Não sei o que devo ser
deitado no chão do jardim

Não sei o que posso fazer
e assim me resta ficar
Não sei o que posso fazer
ao som das vagas do mar

Não sei o que pode ajudar
a animar a canção que ressoa
Não sei o que pode ajudar
nem mesmo o que me faz pessoa

Primeira canção do barco

Balançamos no barco
um barco de prata
Balançamos nosso pranto
no barco de prata

Balançamos nosso luto
na noite essa calma
Balançamos nosso amor
na noite essa calma

Balançamos no barco
Balançamos nosso luto
Balançamos nosso canto
no barco de prata

Primeira canção das estrelas

Uma estrela nos manterá despertos
e nos mostrará sua paz
Uma estrela nos manterá despertos,
sussurrando seu brilho fugaz

Uma estrela estará aos prantos
acenando com remota calma
Uma estrela estará aos prantos
no eterno que se torna agora

Uma estrela estenderá a mão
juntando o que o vento soprar
Uma estrela estenderá a mão
até tudo não mais estar

Canção da aldeia

Lá longe as casas da aldeia
com suas tantas janelas
aqui ao longe estou eu
e lá ao longe estão elas

Avisto as luzes das casas
do mar só vejo os borrifos
no breu em volta ressoam
o riso de anjos e bichos

Lá longe estão as pessoas
e me fitam sem reservas
mudas, flertam comigo
apenas rochas e pedras

Canção do mar

Sei que o mar quando canta
fala da terra mais pura
Sei que o mar quando canta
desfaz a sua clausura

Sei que o mar mente e às vezes
finge uma coisa e disfarça
Sei que o mar mente e às vezes
ri e gargalha e debocha

Sei que o mar é promessa
daquilo que pode cumprir
promete que o sol nascerá
da noite que tarda a partir

Canção do não querer

Não quero ouvir o mesmo
Não quero saber se é
Não quero ouvir o mesmo
Tudo que quero é ter fé

Não quero ver justo o mesmo
Ver o mesmo acontecer
Não quero ver justo o mesmo
Tudo que quero é ter fé

Não quero saber o mesmo
E nem me sentir tão só
Não quero saber o mesmo
Só quero ouvir minha voz

Canção do vento

O vento sopra do mar
e tanto uiva quanto cala
O vento sopra do mar
e ri e mexe e fala

O vento ergue seu rosto
e exibe sabedoria
O vento ergue seu rosto
com hálito de maresia

O vento desce do morro
e agita o dossel da mata
O vento desce do morro
para lá iremos na certa

Canção da luz

Dizem que a canção chegou
dizem que aqui já está
Dizem que a canção chegou
e a todos vai alegrar

Dizem que virá o vento
bailar com meu coração
Dizem que virá o vento
que não arredou desse chão

Dizem que a luz alumia
até dentro do peito
Dizem que a luz alumia
dizem que é desse jeito

Segunda canção do barco

Um barco desliza na costa
e o medo é sua tranquilidade
Rasgando o breu da noite
é ele tudo que temos

Um barco desliza na costa
suave como é o vento
Na terra ficam receios
a bordo vão pensamentos

Um barco zarpa da terra
feito de tábua puída
Um barco zarpa da terra
e parte no rumo da vida

Canção do encontro

Era noite e era escuro
quando os dois se encontraram
renegando sua fé
enxergando seus contrários

Conheceram-se num clarão
ouvindo do outro a cantiga
porque se viram num clarão
estendendo-se a mão amiga

Avançaram noite adentro
no escuro um zum-zum-zum
avançaram noite adentro
e já não eram dois, mas um

Canção da garota impossível

Tu, garota impossível
que não me quis
porque eu te queria
te fostes de mim
e me virastes o rosto
Onde agora estás
Será inverno ou verão
onde agora estás
Chove ou neva
Estás viva ou morta
onde agora estás
Não vens logo
para meu sossego
Espero sem fim
Espero e não nego

Canção de como somos burros

Minha menina burrinha burrinha
que era e era e é

e eu seu menino burrinho burrinho
que nunca estava lá

mas agora agora agora
agora cá estamos nós

você minha burrinha burrinha
que sempre viu e vê

e eu seu menino burrinho burrinho
que nunca estava lá

eu seu menino burrinho burrinho
que ralava como ninguém

mas disso nós dois sabíamos
e ainda sabemos também

que eu posso ser estúpido
e estúpida também é você

mas disso nós já sabíamos até

que você é minha menina burrinha burrinha
e eu sou seu menino burrinho burrinho

Segunda canção das estrelas

Estrelas brilham na noite
dizendo seu eterno agora
Estrelas brilham na noite
sussurram que a terra é bela

De dia elas se escondem
e junto vão seus segredos
De dia elas se escondem
e cantam seus próprios medos

Estrelas são parte de um todo
e nele você é presente
Estrelas são parte de um todo
encantam a vida da gente

Canção noturna

Uma noite regressa
e lá está ele à espreita
Uma noite regressa
sabendo que ele a aceita

Uma noite afunda no breu
um dia chegou ao fim
Uma noite afunda no breu
e traz você até mim

Uma noite afunda no breu
uma noite assume seu posto
Uma noite afunda no breu
que a manhã de pronto lhe deu

Canção dos amantes

Tudo bem com minha amada
teve ela um dia bom
ou então está magoada
algo está fora do tom

Tudo bem com minha amada
o que mais quero é isso
que a vida lhe dê de sobra
que nada lhe tire o viço

Tudo bem com minha amada
que tão longe me entristece
alçar voo e encontrá-la
ah se ao menos eu pudesse

Primeira canção da guarda

Lá está sempre o anjo
em seu manto de prata
lá está ele

invisível
e tão perto

assim como você junto a mim
e longe de mim
tão perto
que tudo que penso e faço
tudo que sou
somos você e eu neste segundo
sob a guarda nas asas
do nosso invisível mundo

Segunda canção da guarda

À noite quando durmo e sonho
e de dia quando abro os olhos e me derramo
lá está você serena ao meu lado
e o medo se foi

pois você está aqui

e pode de repente a felicidade brilhar
e posso sentir tanto frio

pois você está aqui

não sei de nada
não sei de coisa alguma
mas sei que estamos aqui
o vento sagrado
soprando fundo
na nossa mente

pois estamos aqui

Canção da pedra

Uma pedra deve existir na noite
vibrando toda sua calma
Uma pedra deve existir de dia
iluminando do dia a alma

Uma pedra deve existir na noite
pesando todo seu lastro
Uma pedra deve existir de dia,
inerte ou morro abaixo

Uma pedra de madrugada
hiberna num sono insone
Uma pedra de madrugada
a todas as pedras reúne

Pedra atrás de pedra

39 poemas e 1 cântico

[2013]

para Anna

39 POEMAS

O amor dos adormecidos

tudo mal estava no lugar
claro e reluzindo
como um dia sem noite
como uma vida sem sono
sem o grande amor adormecido
de esquecimento
de estar longe
de estar num outro lugar
de ser alguém que não se é
de estar na mão do outro
de apenas ser como a mão do outro
e sonhar

Uma montanha na paisagem

seu escuro se entranhou
permaneceu
tornou-se um desejo
que fez
e aconteceu
criando
um novo mundo
em que nenhuma ave
podia mais voar no céu
nem em bandos
nem aos pares
nem sozinha
pois nenhum céu
havia
nem aves
nem mesmo pedras
apenas esse desejo obscuro
imenso como uma montanha na paisagem

Homem na neve

olhos de inverno
veem os galhos
dos pinheiros na neve

os arbustos congelados
as bétulas

ao longe

reluzindo

ao sol

é janeiro

e o vento não é cruel
mas é a terra
que sopra no rochedo nu

e os olhos na neve
nada veem daquilo que não existe

e o nada que é

[DEPOIS DE WALLACE STEVENS]

Esse único

seu silêncio desaparece num outro
penetrando
sucumbindo
e se torna esse pensamento único
essa única vontade
esse único amor
essa única luz
esse único

Nuvem de luz

nenhuma luz
mas uma nuvem de luz uma nuvem
de treva
que é uma luz que não distingue
entre claro e escuro
numa alma que não é uma alma
numa noite que é tanto dia como noite
e que não é nem dia nem noite
um pensamento que não se pode pensar
uma visão que não se pode ver
uma extensão que não se estende
um mar e um céu
que não existem
e são
o que são

Dia outonal

Senhor: é tempo. Tão imenso foi nosso verão.
Deitai tuas sombras sobre os relógios de sol
e deixai os ventos soprarem na plantação.

Concede que brotem as últimas frutas;
dá-lhes ainda alguns dias de calor,
para que fornidas sejam tuas vinhas
e ao bom vinho emprestem seu vigor.

Ao sem abrigo já lhe faltará um teto
Ao solitário restará a solitude
de ler e escrever missivas,
vagar insone pelos becos amiúde
sob a chuva de folhas ressequidas.

["Herbsttag", RAINER MARIA RILKE]

Proteção aflita

olhos que apenas veem
sem cessar
a grande conexão
que não pode ser dita
e foi dita
tal como ele pôde dizer
estacando
lindamente
sem sentido
e furioso
tomado por essa proteção aflita
que bate e acena
e faz tudo que pode
para proteger o belo
o paradoxal
o mundano
o amado

[PARA GEORG JOHANNESEN]

Já foi

um mundo que já foi
e um mundo que é
de saudades
e de velhas experiências
que me levam a ele

ouvem-se velhas vozes
de queixas
de alegrias
de esperança
de desejo e de raiva

e então as velhas mãos
me acarinham os cabelos

até que
sem que eu perceba
se retraem

No árduo caminho para encontrar Tai-T'ien sem
conseguir encontrá-lo

Um cão ladra
ao som da água
na floresta

vi dois cervos
e então estou à margem do rio
em pleno dia
e não consigo ouvir
os sinos que dobram no templo

ramos selvagens na bruma cerúlea

ninguém sabe onde estou
mas encontrei dois pinheiros
e entre eles posso descansar

[DEPOIS DE LI PO]

Um para o outro

quero acariciar seus cabelos
quero lhe dizer
o quanto me importo com você
e então percebo um medo repentino
nos seus olhos
e então sorrimos um para o outro

Os olhos de uma criança

os olhos de uma criança
veem e não enxergam
na manhã

mas então veem chegar um dia
com suas tantas e infinitas horas

veem uma vida
com seus tantos e infinitos anos

e veem que tudo está por ser apreendido
e sobre nada se pode saber tudo
seja a neve
seja a chuva
seja o vento
e todas as estrelas
no céu
onde a imensa lua brilha dourada
e é como a mão de um pai

Mar e céu

nada mais
apenas ir e talvez ver
que tudo é como o hiato
entre mar e céu

(e então sua voz
tentando dizer algo)

De pedra em pedra

I
maciez
e algo mais
talvez uma dureza
difícil de distinguir da maciez
talvez um desejo
difícil de distinguir da obediência

e areia
apenas areia
tudo que os olhos podem ver é areia
até que uma pedra se mostra
e deixa que os olhos descansem

II
o rio é o velho de sempre
como já o vi tantas vezes antes
respira como antes
desloca-se como antes
e eu o atravesso
de pedra em pedra

Rio no céu

I
o céu é uma luz brilhante
no seu plácido rio de nuvens
e também em mim
está o brilho
da certeza e da dúvida
da terra e da pedra
do mar e do céu
da vida e da morte

II
e o brilho sou eu
e não sou
como o plácido rio de nuvens
brilhando
como o céu
como as nuvens
como sou
no nosso nada

Folhas vermelhas

como folhas vermelhas
que de novo verdejam
como folhas marrons
que balançam ao vento
e pousam na terra
repousam na terra
até novamente brotarem
verdes
e orgulhosas
no seu indisfarçável viço
pendendo tão firmes
no vento
no sol
na chuva

Ondas constantes

a minha amada se escondeu
e está num outro lugar
mas a brisa leve
e as ondas constantes
no mar azul
são como a minha amada

também os galhos verdes
em constante movimento
de um lado para outro
são como a minha amada

Uma ilha

uma ilha desponta na densa cerração
e vem até nós
imponente em seu movimento
mas ainda assim tranquila
tranquila e destemida
como apenas uma ilha
antiga como só
ela pode ser
e nos encara
e pensa
e então estaca e fica parada
imóvel
completamente imóvel
como apenas uma ilha
pode ser imóvel

O coração se abre à sua terra

a festa irradiou
num movimento ondulante
perene
deixando sua marca
de amor e carinho
e de pompa

como montanhas e fiordes
como aquilo que sempre soubemos
e jamais pudemos dizer a festa ocorre
num movimento consciente
e destemido
e nesse movimento tem-se a certeza
de que o coração se abre
à sua terra
e ao seu céu

[PARA HÅKON HØGEMO]

Um vento silencioso

um vento varre a vida
e sopra seu movimento silencioso

dizendo que existe um silêncio
aberto para você e para mim

dizendo que existe um medo
que não nos amedronta

dizendo que existe um destino
e o destino é silêncio

Cores de antigos barcos

cores de antigos barcos
e de um enorme bacalhau
reluzindo
ao sol
no convés
sobre o mar cintilante
misturam-se ao som da guitarra
e à menina que dança
escurecidas por dentro até
se abrirem selvagemente
num cais do fiorde
onde alguns moradores
comentam sobre
a cidade costeira
que simplesmente desapareceu
como só uma cidade na margem do fiorde
pode desaparecer

[PARA ROLF SAGEN]

Canção da neve

isso de ficar admirando uma montanha
me faz bem
acalenta o coração
e a neve numa montanha
atrai meu rosto na direção de um lugar
no âmago da neve brilhante
e a neve
na luz
me diz
que o importante é isso
e então acho
que existe um lugar
que também encontrarei
onde o vento fala baixinho
e onde o amor respira
no seu silêncio luminoso
de céu e de terra
e é um lugar para relaxar
numa nuvem que passa à deriva

Um rosto se abre

I
um rosto se abre
sobre o mar
as montanhas
e os morros um rosto se abre
com nuvens e vento nos cabelos um rosto se abre

grande como o céu
e nos contempla com olhos estrelados
onde estivermos nas nossas casas
nos nossos barcos
sem nos darmos conta
desse grande rosto
em nós

II
o grande rosto se inclina
sobre nós
e exala seu hálito
dentro de nós
e respiramos e respiramos
o grande rosto
e percebemos
ainda que não possamos ver

Anjo e estrela

um dia azul anuncia sua chegada
e o anjo do dia
acena para você
com ambas as mãos

e você dá meia-volta e vê que uma estrela
ergue as mãos
e lhe dá adeus

Os movimentos dela

e ela estende as mãos
e então ajusta a realidade
só um pouquinho
o quanto dá
e assim a realidade melhora
assim ela se demora
passam os minutos
acontece até de se cansar
mas ela não desiste
continua a se arrumar
e até quando recolhe as mãos
e dorme e descansa
e se vai
para sempre
os movimentos dela permanecem

Mãos que seguram

não queriam
porque não queriam que tudo ficasse preso lá dentro
como se encerrado em si mesmo
e de alto a baixo
fosse o mesmo

e ainda que uma mão segurasse a outra
e as mãos se estendessem uma na direção da outra
não o fizeram

mas sim seguraram
e seguraram
e agarraram

agarraram sem soltar

e por fim tudo que restou foi só o próprio agarrar

O homem velho

o homem velho
ergue uma caneca
afasta-a um pouco
fica parado e olhando para a caneca
então traz a caneca
para seu lugar de origem

então se vira
dá alguns passos
para
dá meia-volta
fica parado assim

o homem velho
vai se sentar numa cadeira
olha para a frente
fica sentado assim

e então se levanta
o homem velho
e vai até a mesa com a caneca
ergue a caneca
volta até a cadeira
senta
e leva a caneca à boca

A luz que não é uma luz

na luz que não é uma luz
mas parece uma luz
e que atravessa dias e noites
como um cão
farejando seu caminho
é ali onde estamos
e existimos

(na luz que pode escurecer
desaparecer
numa treva sem fim
que pode então retornar)

Pedra sobre pedra

pedra sobre pedra
e mar sobre mar
num céu
infinito como o oceano
do qual se podem avistar

umas poucas casas
uns barcos

e um silêncio
completo silêncio

A montanha prende o fôlego

respirando fundo
lá está a montanha
então lá está a montanha
e assim permanece a montanha

e se inclina para baixo
e desce
em si mesma
e prende o fôlego

enquanto céu e mar
se digladiam
a montanha prende o fôlego

Deixar que a chuva respire

I
ater-se
àquilo que existe
pois o que existe
também contém em si o que
já foi

e deixar que o vento sopre
e deixar que a chuva respire em silêncio
como só a alegria respira
um dia tranquilo de outono
quando as peras estiverem maduras
para serem colhidas
e o fiorde estiver azul o bastante
para que o peixe seja pescado

II
uma tábua rota na parede da casa precisa ser trocada
uma telha precisa ser consertada
e lá em cima é muito alto

uma voz diz que um neto
aniversaria e haverá festa

[PARA MEU PAI]

Sempre diferente

pode muito bem haver um amor
que se remexe lentamente
que tem dias de movimentos azuis
nos seus silêncios
nos seus anseios
nas suas tentativas
de encontrar uma casa
na qual olhamos e reparamos
com esses olhos que temos
azuis castanhos verdes
e enxergamos o mesmo
sempre diferente

Poder partir

dias leves fluem pela casa
e fazem acontecer
algo que deveria ter sido feito
algo que não deveria ter sido feito
algo que precisa ser feito
mesmo assim
até que uma noite surja
grande
uivando sem parar
um vento feminino
dentro dos ouvidos
dentro dos dias
dentro da fresta
que nos deixa
escapar

Barco

tão sereno o barco
ancorado no mar de prata
tão orgulhoso em sua ostensiva mudez

e então subir a bordo
então soltar as amarras
em silêncio
partir

costeando a paisagem
com morros e árvores respirando em uníssono
e o céu acariciando os cabelos

Seja bem-vindo

é bom estar no escuro
pois nele Sebastian pode sonhar
e a lua pode se exibir
e estender seu teto de luz
sobre as casas ao longe
e Sebastian pode sonhar
que uma estrela
virá pegá-lo pelas mãos
e conduzi-lo
com sua música oblíqua
a um lugar em que um garoto
de grandes olhos castanhos
o aguarda para dar as boas-vindas
Seja bem-vindo
Sebastian
diz o garoto

[PARA GEORG TRAKL]

Irrecuperável

eis aqui uma pessoa
que então se vai
num vento
que desaparece
para dentro
e esbarra nos movimentos da pedra
e se torna sentido
numa unidade sempre nova
do que é
e do que não é
num silêncio
em que o vento foi vento
em que o sentido foi sentido
em movimentos perdidos
de tudo que já foi
e ao mesmo tempo é
uma unidade
de uma origem
em que o som carregava o sentido
antes de a palavra se cindir
e desde então jamais nos abandonar

Apenas sabemos

a canção
a canção do mar
desliza pelas montanhas íngremes
e sobe aos céus

num planar azul
como um brilho
penetrando o lugar onde estamos juntos
e jamais dizemos algo

e apenas sabemos

Partir

I
é infinito e imensurável
no mesmo movimento
ilumina
e desaparece
e se torna permanente
enquanto some

II
E eu o deixo desaparecer
em toda a minha óbvia presença
em todo o meu movimento que desaparece
e circunda o dia
onde a árvore é árvore
onde a pedra é pedra
onde o vento é vento
e onde palavras são uma unidade insondável
de tudo que já foi
e tudo que se vai
e dessa forma permanecem
como palavras de consolo

Nada

um silêncio grande e branco
cala e cala
e então diz
exatamente o que deve ser dito
nessa noite
nesse lugar
em que estou e vejo
e nada vê
onde estou e ouço
e nada ouve

Escurece

fico observando os dois cervos
e os dois cervos ficam me observando
assim ficamos um bom tempo
eu imóvel
os cervos imóveis

nada se ouve
nem mesmo um vento na folhagem

escurece

1 CÂNTICO

Cântico noturno

Há uma terra que revela
seu âmago de negra noite
e oculta tanto alma quanto corpo
até que tudo ao nada volte

Há uma noite que o acolhe
e abre da mão a palma
deixando que nela repousem
suas mãos, seus pés, sua alma

Há o Deus que em tudo está
na terra e no céu profundo,
este céu você que ilumina
sua alma lhe pertence, dele você é o mundo

Poesias
[2016]

Nota

Quando tomei posse da Gruta, me pus a ler com afinco os poemas de Henrik Wergeland, rabiscando uma ou outra coisa na margem, escrevendo estas notas e me escrevendo através delas, à minha maneira, apagando, substituindo, trocando a ordem das palavras, reescrevendo tudo novamente. Esse processo deu origem a estes poemas, que são uma escrita sobrescrita, um texto coligido, um palimpsesto.

Até que ponto eles são de Wergeland ou meus, já não sei dizer. Ainda que tenham resultado em poemas de fato, são tributários da lírica de Wergeland, pois nem um único anjo, nem uma única estrela, nem uma única lágrima, foram criados por mim. Isso deve ser dito.

Gruta, 2015
Jon Fosse

Penso que melhor seria a loucura fazer poemas

Henrik Wergeland

Contemple o povoado

purificando sua gentileza
no fiorde

veja as clareiras na floresta

e veja a floresta empurrar
nuvens contra montanhas
azuis ao longe
e é o lugar
de onde todo o ar
provém

Um dia a sombra

das suas ações
vai se misturar
à claridade
na sua fronte
para não desaparecer
no choro de uma mãe

e quando eu gritar nos seus ouvidos
ele fugirá desesperado
e então essa noite brotará apenas uma lágrima
enorme nos olhos
da viúva do seu irmão

(e uma mãe na noite
cinza de luto
se debruça
com os cabelos desgrenhados
sobre seu corpo adormecido)

A larva se contorceu na luz

com suas asinhas lilás
lembrando palitos
sobre o palheiro
parecendo uma fada
faiscando
entre a miríade de estrelas

e quando faz mais força
a larva alça voo
com suas asas
que batem sem parar

e rodopia em torno da luz
com asas que não sossegam

até que ela
até que suas asinhas lilás
sejam palitos sobre o palheiro
e pareçam uma fada
faiscando
mansamente
no céu por entre a miríade
de estrelas

Quando o coração é música

o corpo presta atenção

ao que ecoa nas montanhas ocas

e qualquer um nos fará mal e nos pressionará
uns contra os outros

e toda a terra lá fora parecerá
a porta de entrada
para lugar nenhum

Oh mas o que é isso agora

que surge tão reluzente
lá onde o céu se funde
com o mar

e as ondas negras
na noite
são estrelas
que os barcos
espalharam no mar
com a cor negra nos olhos

(e essa gentileza
coração a coração
desperta uma ternura
aliviada na lua)

A terra se divide entre vida e morte

como o dia
entre claro e escuro

e a lua no céu
reúne
o escuro da noite
e o claro do dia

Mas os sonhos da noite

se aproximam
como neve
do rosto

e depois pousam na terra
e repousam
no chão

Então quer dizer que você é feito de nuvens

que não querem sossegar
e respirando ofegantes
aliviam o meu peito

Veja, como o outono é grande
e poucos são os trabalhadores

veja as lavouras embranquecendo
à medida que vem chegando o outono

rumo ao silêncio, e rumo
ao mar do esquecimento

No rosto

branco da morte
você enxerga sua própria imagem
e em breve
no rosto
branco da morte
verá o brilho estelar
das pontas das asas de um anjo
arder reluzindo

veja as asas do anjo se abrindo
em seu movimento
rumo ao uno

Mas o cordeiro está no chão

com os ossos descarnados
enterrados
e moscas voejam entre as costelas
do boi
e na cabeça do cavalo
os vermes se aninham

e só eles transformaram em lápides
as criancinhas
que não conseguiram fugir
e ali jazem
sob as pedras

Seu cabelo que cedo

encaneceu
é como as cinzas
daquilo que ardeu
talvez no fogo
que consome o mar
ou as cinzas
depositadas
sobre o mar revolto

Para o anjo o tempo

é um sopro da eternidade

enquanto o seu tempo
consiste
em segundos acumulados
que não nos deixam pensar
que o paraíso está próximo

Foi como se um cego voltasse a enxergar

e deparasse com o sutil brilho das estrelas
e, novamente cego, por todo o tempo
enxergasse esse mesmo brilho dentro de si

Sem pensar

Eu vi que ele montava
um cavalo alado
como sonhos mortos
que nadam nos olhos dela
quando miram
o brilho do mar

os doces sonhos
que se revelam nos olhos
quando ela contempla o mar
com um semblante infantil

seu rosto fica tão pálido
tão pálido
como a face de anjos
sem pensar

Dois anjos nos receberam na porta

a cega modéstia
e a cega satisfação

mas agora eles alçam voo de volta aos céus
e vão buscar sonhos
para os nossos sonos

Ela repousa

I
Silêncio que ela repousa
e não reage ao toque da minha mão
naqueles dedos macios

e aquela a quem a brisa
beijaria o terno coração
numa carícia
expira o amor
do seu sono leve

II
e por que
meu sangue
flui justo agora
se nenhum pecado é maior
do que aqueles para os quais ela encontra o perdão

Quando uma alma outra alma

afunda
absorve

o luto é nossa canção

nossa canção é o luto

Corações pensantes

Na vida ela conheceu a morte
e na morte conheceu a eternidade
sorrindo enquanto chorávamos
e então já não estava mais aqui

aquela linda alma
que agora está no céu

deixou na terra a bondade

enquanto os corações pensantes sonham
exatamente como ela sonhava
a canção do anjo

À nossa volta, amada, estão

sombras felizes
então me abrace
forte

pois o anjo derramou
sua presença amorosa

e não tardará a queixa
tão terna
de que da felicidade
brotam lágrimas

oh chuva gentil e suave
não se vá

não se vá

Sangue cheio de água

maravilhado
não compreendo
por que o sorriso do morto
é esse misto
de supremo desprezo
como se a morte fosse uma águia
mansa e obediente
que ele invocasse

Ela o carregará para casa

e de lá até o céu
como um anjo

oh é como se uma chuva fina
e constante
caísse no meu coração

e como se a pedra
na minha dor
e no meu luto
se libertasse
em bênção
e cobrisse as colinas
com uma nuvem de algo
que se tornou paz

Sob o estreito vão do firmamento

então tenho que curvar a cabeça
sob as nuvens
Precisei me afastar
mas não tão distante
do cabelo
da mulher
pois lá batia o vento
que misturava todas as coisas

Há uma cumplicidade

entre a alma
e as estrelas
a luz das estrelas
sobre a minha alma é tão mansa
quanto um seio
bem dentro
de mim

À minha alma só resta

o sorriso gentil do morto

pois as possibilidades
mesmo as mais esparsas
e mínimas
se exauriram
como o sopro de um espírito

e o laço invisível
com Deus
são os anjos enviados do céu
que parecem borboletas
brincando
de encontrar sua flor
entre as pedras

(ou você tem medo
das suas aves medonhas
enormes
negras
em rasante alarido
como se fossem uma horda
de pecadores uivantes)

As nuvens são sombras

de segundos

e o que seria então uma montanha
sob a qual nenhum abismo
escurece

preciso falar
do fluxo de dias passados

e desse gotejar de frio
cortante
no meu peito
e dessas centelhas de brasa

pois muito bem

a morte é o clima que faz no meu paraíso
durante a primavera
como sonhos que se dissipam

enquanto o coração se rebela no meu peito
contra a morte que quer entrar

Estou um pouco fora de mim

um pouco acima de mim

quero voltar para mim
onde eu deito
ou quero ser arrebatado

estou um pouco acima de mim
mas então deito
de volta no meu lugar
em mim mesmo

Não faltam visões

de espíritos que se deslocam
como nuvens
lenta e suavemente
pelo chão da floresta

e minha mente está serena
transparente e límpida
como a pura água benta

Meu braço está fraco

meu rosto está branco
meu sangue
agora flui
tão dócil

um dedo angelical
cutucou meu olho
era a minha avó

agora quem lhe protege no leito
é Jesus
ela disse

Sim tão linda como um sonho

através da grande vidraça
a lua espia
no seu escuro mudo e murmurante

colorindo
sua lenta respiração
dormente
e leve

Agora eu já disse

o que posso dizer
então agora finja calma
deixe estar
pois preciso descansar

só descansar

só descansar

e talvez sempre só descansar

só agora

só mais isso

Pois só a loucura não ousa

morder a dúvida
mastigá-la
e me despedaçar
com um sorriso no rosto

mas não esqueça das traças no pó

Tudo, tudo e então tudo

só é amor

e as estrelas se acercam
uma a uma
e os animais surgem da floresta
me cercam
com olhos amáveis

sim, em algum lugar é assim
em algum lugar a serpente
arma o bote na urze

e então tudo sabe
sim tudo sabe então
que tudo é amor

Porque depois que os passos dele

marcaram o chão
vem o olho das nuvens
chorar
e ele que cai no sono
não mais irá balançar
como no berço
mas o sono começa
ébrio da luz

e o ocaso é o embalo
de um dia
que tem a madrugada
antes que uma noite
cerre seus olhos

A escuridão espreita pela madrugada

que vem, cheia de mudanças,
intoxicada de noite

em que o escuro e estrelado firmamento
é o caixão fechado
repleto de bênçãos do dia que virá

assim como o vento azul vem
do altar
e sopra pelas velas sagradas

No sopro da primavera

no sopro da primavera
voa um bando de pássaros
um alarido
de asas batendo

o rio corre seu curso
pedra atrás de pedra
e de tempos em tempos revolve
nosso passado

Acaso foi seu espírito

que zumbiu em ondas de prata
ou um vento
que me beijou a fronte

antigas lembranças passam
como nuvens velozes

(mas escura como a água
é a alma
quando as ondas negras
se extinguem à noite
na bruma nuviosa)

Minha alma é uma chama

que tremula
solitária ao vento
do cume onde você acabou de ver
o mundo ondulando
como a águia da montanha
maravilhada diante
das nuvens resplandecentes da aurora

(enquanto o tempo impõe sua barreira de névoa
entre nós
e nosso passado)

Eu tenho montanhas escuras

e ondas arrebentando
na alma, e uma tempestade
irrompe violenta
no meio da negra fogueira
da melancolia

Sopra vento

que seu rosto austero
açula a grama

como quando na primavera um pássaro
pela primeira vez
saúda suas rajadas

Minha alma é molhada

varrida pelo vento
minha alma é como uma lua que escurece
na neblina

e as lágrimas são sem razão
mas a esperança parece as nuvens
vermelhas e frondosas
ao redor das estrelas cintilantes

As nuvens se esgarçam

e olhares
viajam até o firmamento
e matam a escuridão

e repleta de estrelas
permanece a alma
esperançosa

enquanto as ideias
aquietam-se
na alma
atrás das negras muralhas
da noite outonal
e esperam
mudas

Ela encosta o rosto no cabelo dele

que agora irradia
ondas nas nuvens da manhã

e com pensamentos doces
fazemos morada
nas nuvens vermelhas do crepúsculo

Cada gota é seu próprio mundo

como sua própria bondade
que flutua como nuvens
de angústia
e de desejo
pela jovem mulher

desejo, angústia

sugando da boca dela o fogo
ó vento
não a esfrie
mas se aninhe
em seu colo
ó vento

que é mais claro que o próprio ar
perfuma
os cabelos dela
ó vento

ó vento

Ó minha alma cantante

seja como o vento
que canta
a canção da minha amada

pois quando um vento roça
a superfície do mar
as ondas sentem

e a alma dela é uma estrela
atrás das nuvens lilás
da alvorada

(mas quando cheguei percebi
uma brasa desconhecida
no azul dos olhos)

O ruído da urze

e a escuridão
choraram comigo

e então ela sonhou
com meu coração senil

e uma garota risonha
roça seus cílios compridos
nas minhas bochechas mudas

Imagine nadar contra

a sinistra onda
na alma dela

e ocultar seu amor

nas estrelas de pedra

na água das estrelas

Enrubesce céu

porque o vento distraído
afasta os cabelos
dos seios dela
consagrados apenas aos olhos das estrelas
e ao dia claro da lua
aos olhos da lua

ó céu que enrubesce
do amor das ondas
que encrespam quando a tempestade escurece
e o seu rosto suga o choro
e se choca
nos rochedos
em que as ondas quebram

E se nos seus olhos

uma lágrima luzir
como uma estrela

zombando discretamente
do dia
que surge do nascente
com força deslumbrante

e a tempestade que ruge
é quem traz de volta as trêmulas estrelas

pois uma lágrima luz como uma estrela
em seus olhos

Ondas de amor

como a folha no galho
sacudida pelo vento
oscila um amor
mas fraco
como uma centelha
sobre o mar
como a folha no galho
que de leve o vento embala

e o riso é a tormenta
que pisoteia o mar
com sandálias brancas

e seu deus
que mora atrás das estrelas
implora por seu amor
orgulhoso
como um barco brilhante que joga
como a lua que se levanta
quando a terra dorme pacífica
em sonhos que alegram a tristeza
enquanto as nuvens espumam
como ondas

A minha alma quer

como uma névoa cinza-esbranquiçada
nadar no éter

e ela não parece
as nuvens no céu chuvoso

mas um coro de anjos
chorando
pelos anos que passam

E a tempestade não leva seu rugido

às estrelas tremeluzentes
ele morre no meio da urze que geme

ele permaneceu sob o lilás do firmamento
sacudindo o cabelo

e ali parado ficou

As antigas estrelas

assistiram ao nosso planeta
surgir

E ao eterno clarão do céu

E à terra afundar enquanto o mar se elevou
mais livre que o pássaro

e com uma tempestade eu alço voo
sobre a maré cheia que arrebenta
e ouço do fundo do mar
o pulsar do coração da terra

Uma onda se eleva

e se torna um monte
um rio

e comprido como o rio
é o cabelo gris
tanto quanto embranquece o mar
tanto quanto escurece a tempestade

O dia é uma ave

de asas vermelhas
que se agitam farfalhando
rumo ao firmamento

o esquecimento são mares que jazem mortos

e sou grato à sorte
que derrama sua terra
e preenche cada sepultura
vazia
de lágrimas

O céu azul

I
Frio como cal
desperto na minha cama vazia

cada respiração
são dias

II
então vejo nossos pensamentos
tão pequenos
inundar o azul do céu

e o pântano negro rebrilhar
coberto de asas de anjos

No céu

onde o tempo ainda
não se revela
mora o espírito do profeta

pairando
esperançoso
acima da história turbulenta do planeta
pois a canção do profeta
é um raio que caiu

(enquanto a minha alma
revolve feliz na cinza sagrada
e o meu corpo
continuou seu sono
pálido
sob a lua branca)

A liberdade é o coração no espírito

e cada um carrega seu céu estrelado
no próprio rosto

e no mundo encontra o idioma de Deus
para si mesmo

Cada noite

pulsa uma noite mais alta
diante do coração acelerado
e de cada madrugada
nasce uma manhã mais vermelha

cada noite olha com olhos sanguíneos
para a manhã
que fervilha na superfície
do turbulento abismo

e postes de luz se mostram
onde os juízes estavam
como troncos sem cabeça

Os anjos não veem a dor

I
Talvez o mundo sucumba
e os homens se vão
mas não a liberdade
nascida com o primeiro anjo
que é
e não morre
antes da primeira alma

II
o marulho ressoa pelo ar

os anjos não veem o luto
só veem o lampejo da canção
que as pessoas encaram
vazias de culpa

e riem do choro do pecador

(e não era livre o anjo
que aos céus ascendeu)

Pouco maiores que as asas de um inseto

são os olhos da sua amada
mas neles você vê um céu claro
e os anjos cantando
onde a montanha ondula ao longe
e mergulham os vales

da verdejante colina
o céu se estende
na direção da sua terra
e terra e céu se reencontram
onde as estrelas reluzentes são gotas
do rio celestial
em cujo leito estão sóis

e tudo é amor

E as estrelas

uma a uma
se acercam
como barcos
vêm até mim

e da floresta
vêm os animais
olham para mim
com olhos amáveis

e a serpente arma o bote na urze

e as flores desabrocham
e exibem seus corações

e tudo é amor

A mágoa perdeu

tanto o peso
quanto a pompa
mergulharam
nos olhos marejados dela

eu vi melancolia
em seu sorriso
sombras trêmulas

azul estrondoso
cintila o fogo nos olhos dela

então você descansa sua fronte imaculada
como o linho brilhante da graça
no meu peito

e arranca o pecado
dos meus cabelos

Cada olhar se agita

O silêncio
não deixa o coração pulsar
o silêncio
nos deixa escutar
como
cada olhar se agita
como sombras
dentro do olho
que se abriu

(por trás da escuridão ele recorda
também o cintilar das estrelas
e tudo agora relampeja)

E as pessoas abriram seus corações

para o andarilho
e o amor debandou
num terror
que espreita as ruas da cidade
onde cada luz
uma após a outra
foi se apagando atrás das janelas

e ele quer gritar: faça-se a luz

e então ir embora da cidade onde
a distância entre as casas
lhe dá abrigo

Para eu sussurrar nos seus ouvidos

que vi o céu
que estou no limiar

onde os mortos
que conheci
repousam no azul

onde ressoam as cítaras

e sob as cítaras
nas altas nuvens
galopam cervos e cavalos
com seu olhar majestático

e aos pés dos anjos
achegam-se as nuvens

Por três noites

minha alma esteve
no Brasil

o abajur do quarto
em que dormia
projetava seu facho vacilante
num rosto mais pálido
que o de um cadáver

nos seus olhos reluz uma lágrima
como uma estrela
desdenhando
do dia
que desponta do leste
numa velocidade estonteante
dourada

O pulsar do seu coração

é um raio de Deus

a montanha permanece impassível
com seus picos escarpados

e a palavra de Deus são espíritos
que se erguem do pó
E a palavra é Deus

e os pensamentos de Deus
são mundos

Um espírito se oculta

no pó da escuridão
enquanto a palavra do alto clareia

e você vê
como uma estrela
no relance de um piscar de olhos
o rosto de Deus
radiante
se revelar

Paisagens horizontais

I
A jornada do sol
azul-lilás e belo
ao mesmo tempo alegre, sombrio e livre

e no brilho da lua
passeia
como uma nuvem
meu coração
no céu claro

à deriva e em júbilo

e as estrelas docemente adormecidas em suas nuvens

II
a morte beija
meu coração
antes que ele sacie completamente sua sede
e sugue sua derradeira seiva

e eu não possa mais cantar
possa apenas rezar

Só a canção contém meu coração

Tal como a águia que plana
sobre penhascos solitários
ela envolve meu coração

e uma nuvem repousa
ensombrecendo
meu peito
e o mar arrebenta no meu coração
e o raio beija meu rosto

na montanha
como num altar
ajoelha-se uma nuvem
um touro negro
de chifres dourados

raio atrás de raio

quando nas asas da graça
arrebentam as ondas
enxergamos nossas lembranças
como estrelas

E a realidade se revelou

com o primeiro abraço
dos seus olhos castanhos
e dos olhos azuis escuros da mulher
quando os olhos dela
como um pássaro de asas azul-escuras
cruzaram voando
a sombra iluminada da lua

O dia escurece

I
Agora o altar encobre
a terra inteira de fumaça

e o dia escurece
o sol se acinzenta
raios fluem como sangue

ao abrigo da cruz
os raios se ramificam e se espelham

dardejando como serpentes famintas

a montanha se rasga
as planícies se abalam
o raio cai inflamando a cruz

II
a terra racha aos nossos pés
o raio penetra os olhos
nos ouvidos é só o trovão

todos os medos se somam
todas as dores no nosso peito
se acumulam

O mar alto
colapsa

E terra e céu
se extinguem

Oh ele sorri

ele admira a casa
onde cresceu
tal como estava
quando ele a deixou em criança
as mesmas peras nas árvores

e a alma dele volta a ser criança
eis que ele morre

Nota do tradutor

Ante a desmedida ambição de traduzir poesia, sempre espreitam dois abismos, às vezes intransponíveis. Mais estreito e não menos desafiador, o primeiro são as particularidades dos pares idiomáticos em questão. O segundo, mais largo e abstrato, compreende aspectos extratextuais, diferenças socioculturais, políticas ou geográficas, por exemplo. No caso de Jon Fosse, um terceiro elemento se soma: o fato de o autor se expressar numa variante minoritária, marcadamente oral, de uma língua e subvertê-la em seu propósito de "dar voz ao indizível", conforme apontou a Academia Sueca ao lhe agraciar com um há muito aguardado prêmio Nobel de literatura, em 2023.

Estes *Poemas em coletânea* abrangem um substancial intervalo de uma produção literária prolífica e múltipla, e neles o leitor poderá facilmente identificar passagens que se reiteram na obra de Fosse — grandes artistas são o que são também por serem autorreferentes. Anjos e cães, fiordes e tempestades, movimento e silêncio, barcos e casas decadentes com paredes de reboco à mostra se alternam e se repetem na desconcertante escrita de um autor que inventa não só o objeto de sua criação, mas também a ferramenta da qual se serve para concebê-la, isto é, a própria língua.

Senão o que dizer de diversas expressões e tantas formulações em que o oximoro e a repetição regem a lírica? O mesmo vale para os rochedos e penhascos, florestas escuras e montanhas úmidas, além do colorido característico dos dramáticos crepúsculos outonais das altas latitudes norueguesas, outra obsessão de Fosse, que se alternam nesta seleta de poemas. Imagine-se o leitor diante de um quadro de seu conterrâneo Munch e será possível se aproximar do cenário pretendido pelo autor. Toda essa imagética concentra embriões de ideias e até mesmo trechos inteiros de escritos posteriores, que podem ser percebidos desde as páginas iniciais deste livro.

Ao dar forma a seu singular universo, Fosse ignora convenções de pontuação, revisita as inúmeras variantes dialetais do neonoruguês (nynorsk) e lança mão, sem comedimento, da ambiguidade, do silêncio e do espanto como recursos estilísticos — algo comum também em sua prosa e dramaturgia. O tradutor que se dispuser a encarar esse desafio deve forçosamente recorrer a uma boa dose de suposição. A escrita de Fosse é impregnada — melhor dizer atormentada — por esses mistérios, tanto naquilo que diz, como, principalmente, no que deixa de dizer.

Entre as páginas repletas de poemas rarefeitos, etéreos, enigmáticos, angustiantes, surgem também suas "Canções" (p. 287), tanto mais desafiadoras à tradução pelo uso da rima e da métrica, que aqui tentamos preservar sem sacrifício do sentido, da singeleza e das características líricas do idioma de partida.

O outro dilema é menos afeito ao texto em si e reside na realidade norueguesa, tão distante da brasileira. Elementos naturais, sempre protagonistas tanto no cotidiano como na produção literária da Noruega de qualquer gênero ou período, nem sempre têm correspondentes diretos no exterior, muito menos nos trópicos. Acidentes geográficos únicos, fenômenos climáticos do impiedoso inverno escandinavo, paisagens, objetos, hábitos, atitudes e costumes distintos chegam a clamar por notas de rodapé ou paratextos explicativos, que evitamos aqui.

De todo modo, convém fazer alguns breves esclarecimentos para não abandonar o leitor à própria sorte: Bergen, segunda maior cidade da Noruega, é célebre pela proverbial pluviosidade que caracteriza a costa oeste do país — chove tanto ali quanto na Amazônia brasileira; nascido em 1959 na cidade de Haugesund, Fosse viveu a infância no povoado de Strandebarm, um pouco mais ao norte; a cabana ("*hytte*"), construção rudimentar de madeira, isolada no sopé de fiordes, no alto de escarpas íngremes ou no coração escuro de florestas, é uma instituição norueguesa por excelência e desempenha um papel fundamental na sedimentação da identidade nacional; o mesmo vale para as flâmulas tricolores, hasteadas em dias ordinários, e para as bandeiras que tremulam em datas solenes e, obrigatoriamente, na celebração do 17 de maio, Dia da Constituição; rompido com a igreja norueguesa desde criança, Fosse sempre manteve uma relação de "distante proximidade" — uma expressão que talvez lhe fosse cara — com a religião até que, em 2012, após um incidente alcoólico quase lhe tirar a vida, tornou-se abstêmio e abraçou o catolicismo.

Cabe esclarecer, ainda, que os poemas de outros autores aqui presentes (Trakl, Hölderlin, Rilke, Stevens, Li) são traduções das traduções assinadas pelo próprio Fosse, não dos originais, de que não raro se afastam.

Uma última, mas essencial, informação: desde bem antes de ser agraciado com o Nobel, já consagrado como músico, poeta, dramaturgo, tradutor e prosador, Fosse passou a gozar de um status singular em seu país natal ao ter sido indicado, em 2011, pelo rei da Noruega para se instalar na Gruta (*"Grotten"*), residência honorária encravada sobre uma formação rochosa, daí o nome, nos limites do Slottsparken, o bosque do palácio real, no coração de Oslo. A tradição remonta a 1832, quando foi erguida para servir de lar ao poeta Henrik Wergeland em reconhecimento à sua obra. Desde então, o inquilino da Gruta é considerado uma espécie de "bardo nacional" da Noruega.

A sempre atenta e escrupulosa revisão de Mariana Donner, aliada à criteriosa e experiente edição de Tarso de Melo, não só melhoraram o texto final como evitaram deslizes graves, e a ambos expresso publicamente meus sinceros agradecimentos. Se seus esforços não resultaram suficientes aos olhos do leitor, isso se deve a insuficiências inerentes à tradução, estas de minha única e exclusiva responsabilidade.

Avaldsnes/Oslo/Lillehammer, maio de 2024

ÍNDICE EM ORDEM ALFABÉTICA DOS TÍTULOS DOS POEMAS

1 (de *Anjo com lágrimas nos olhos*), 11
1 (de *Movimentos do cão*), 49
2 (de *Anjo com lágrimas nos olhos*), 12
2 (de *Movimentos do cão*), 50
3 (de *Anjo com lágrimas nos olhos*), 13
3 (de *Movimentos do cão*), 51
4 (de *Anjo com lágrimas nos olhos*), 14
4 (de *Movimentos do cão*), 52
5 (de *Anjo com lágrimas nos olhos*), 15
5 (de *Movimentos do cão*), 53
6 (de *Anjo com lágrimas nos olhos*), 16
6 (de *Movimentos do cão*), 54
7 (de *Anjo com lágrimas nos olhos*), 17
7 (de *Movimentos do cão*), 55
8 (de *Anjo com lágrimas nos olhos*), 18
8 (de *Movimentos do cão*), 56
9 (de *Anjo com lágrimas nos olhos*), 19
9 (de *Movimentos do cão*), 57
10 (de *Anjo com lágrimas nos olhos*), 20
10 (de *Movimentos do cão*), 58
11 (de *Anjo com lágrimas nos olhos*), 21
11 (de *Movimentos do cão*), 59
12 (de *Anjo com lágrimas nos olhos*), 22
12 (de *Movimentos do cão*), 60
13 (de *Anjo com lágrimas nos olhos*), 23
13 (de *Movimentos do cão*), 61
14 (de *Anjo com lágrimas nos olhos*), 24
14 (de *Movimentos do cão*), 62
15 (de *Anjo com lágrimas nos olhos*), 25

15 (de *Movimentos do cão*), 63
16 (de *Anjo com lágrimas nos olhos*), 26
16 (de *Movimentos do cão*), 64
17 (de *Anjo com lágrimas nos olhos*), 27
17 (de *Movimentos do cão*), 65
18 (de *Anjo com lágrimas nos olhos*), 31
18 (de *Movimentos do cão*), 66
19 (de *Anjo com lágrimas nos olhos*), 32
19 (de *Movimentos do cão*), 67
20 (de *Anjo com lágrimas nos olhos*), 33
20 (de *Movimentos do cão*), 68
21 (de *Anjo com lágrimas nos olhos*), 34
21 (de *Movimentos do cão*), 69
22 (de *Anjo com lágrimas nos olhos*), 35
22 (de *Movimentos do cão*), 70
23 (de *Anjo com lágrimas nos olhos*), 36
23 (de *Movimentos do cão*), 71
24 (de *Anjo com lágrimas nos olhos*), 37
24 (de *Movimentos do cão*), 72
25 (de *Anjo com lágrimas nos olhos*), 38
25 (de *Movimentos do cão*), 73
26 (de *Anjo com lágrimas nos olhos*), 39
26 (de *Movimentos do cão*), 74
27 (de *Anjo com lágrimas nos olhos*), 40
27 (de *Movimentos do cão*), 75
28 (de *Anjo com lágrimas nos olhos*), 41
28 (de *Movimentos do cão*), 76
29 (de *Anjo com lágrimas nos olhos*), 42
29 (de *Movimentos do cão*), 77

30 (de *Anjo com lágrimas nos olhos*), 43
30 (de *Movimentos do cão*), 78
31 (de *Movimentos do cão*), 79
32 (de *Movimentos do cão*), 80
33 (de *Movimentos do cão*), 81
34 (de *Movimentos do cão*), 82
35 (de *Movimentos do cão*), 83
36 (de *Movimentos do cão*), 84
37 (de *Movimentos do cão*), 85
38 (de *Movimentos do cão*), 86
39 (de *Movimentos do cão*), 87
[a chuva conta sua história monótona],
   247
a criança protesta, 275
a criança se explica, 272
A escuridão espreita pela madrugada,
   414
A larva se contorceu na luz, 383
A liberdade é o coração no espírito,
   437
(a luz das mãos), 145
A luz que não é uma luz, 357
A mágoa perdeu, 442
A mão clara, 225
A minha alma quer, 430
À minha alma só resta, 404
A montanha prende o fôlego, 359
À nossa volta, amada, estão, 399
A sós e a salvo, 183
A terra se divide entre vida e morte,
   386
Acaso foi seu espírito, 416
Agora eu já disse, 410
[algo sobre o ator], 282
[Alguém demora], 133
Amor, um dia de março, 193
Anjo e estrela, 353
Anular-se, mais uma ruína, 203
Apenas sabemos, 366
As antigas estrelas, 432
[as árvores estão carregadas], 161
[As estrelas têm sua noite], 244
As montanhas não estão mais juntas,
   228
[as nuvens são brancas], 93

As nuvens são sombras, 405
As nuvens se esgarçam, 421
[as tábuas molhadas nos aproximam
   cada vez mais], 265
[assim é que você pode encontrar
   nossa escrita], 170
(barco no escuro), 120
Barco, 363
Cada gota é seu próprio mundo, 423
Cada noite, 438
Cada olhar se agita, 443
Canção da aldeia, 308
Canção da garota impossível, 315
Canção da lua, 295
Canção da luz, 312
Canção da menina, 290
Canção da neve, 351
Canção da pedra, 324
Canção de como somos burros, 316
Canção de quem já não vê, 304
Canção de quem não sabe, 305
Canção do amor que é, 301
Canção do amor, 291
Canção do em mim, 294
Canção do encontro, 314
Canção do eu cansado, 303
Canção do eu que bebe, 302
Canção do mar, 309
Canção do medo, 300
Canção do não querer, 310
Canção do querer partir, 296
Canção do vento, 311
Canção do você, 292
Canção dos amantes, 320
Canção dos olhos, 299
Canção infantil, 289
Canção noturna, 319
Cântico noturno, 373
Casa na árvore, 206
(casas abertas), 108
Castigo, 187
(chuva), 113
Contemple o povoado, 381
Corações pensantes, 398
Cores de antigos barcos, 350

[de novo e de novo], 127
De pedra em pedra, 343
[De peras amarelas pendendo], 159
[De perto], 147
Dê seus passos, 181
(de súbito), 131
Deixar que a chuva respire, 360
[desde o abismo de fato], 96
[deve haver um vento detrás do feno,
    pois], 142
Dia outonal, 336
[dias escuros que tardam e um
    silêncio], 279
Diferente, 189
Dois anjos nos receberam na porta,
    395
Dores ancestrais, 207
[durmam, meus amores], 262
E a realidade se revelou, 451
E a tempestade não leva seu rugido,
    431
E as estrelas, 441
E as ondas arrebentando, 184
E as pessoas abriram seus corações,
    444
[E então vemos], 270
[E ninguém sabe], 164
[e ninguém verá], 97
E se nos seus olhos, 428
[E seguimos], 253
[Eis aqui alguém], 283
Ela encosta o rosto no cabelo dele, 422
[ela está de pé em sua própria
    sombra], 160
Ela o carregará para casa, 401
Ela repousa, 396
[Eles atravessam essas paredes
    caminham por esse chão e
    raramente ficam parados], 276
[eles desbravam as montanhas], 242
[Eles são como barcos], 231
[Eles se entreolham indo um de
    encontro ao outro.], 151
[em tudo isso que é, que desaparece],
    124
Encontro, 185

[Enquanto a manhã derrama sua], 277
Enrubesce céu, 427
Então quer dizer que você é feito de
    nuvens, 388
[escancararam-se], 281
[escorremos pela chuva], 251
Escurece, 369
[esse silêncio inexplicável], 169
Esse único, 334
[está lá o tempo inteiro], 106
[Estou no vento], 254
Estou um pouco fora de mim, 406
Eu não sou mais, 192
Eu tenho montanhas escuras, 418
[existe um amor de que ninguém
    lembra], 94
Fadiga, material, uma canção, 177
[fartos da chuva um do outro], 250
Foi como se um cego voltasse a
    enxergar, 393
["Foi há muito tempo", ela disse.
    Respondi, com], 155
Folhas vermelhas, 345
[Há nisso uma diferença], 135
Há uma cumplicidade, 403
Homem na neve, 333
Imagine nadar contra, 426
Irrecuperável, 365
[isso não pode ser dito,], 141
Já foi, 338
[Levo comigo uma antiga foto], 264
[Lilás como uma flor lilás], 271
Mais um exemplo, 204
[mãos invisíveis nos guiam], 255
Mãos que seguram, 355
Mar e céu, 342
Mas o cordeiro está no chão, 390
Mas os sonhos da noite, 387
Meu braço está fraco, 408
Minha alma é molhada, 420
Minha alma é uma chama, 417
Movimento, e luz, 194
Mudança, 209
(música oblíqua), 99
Mutações, 178

(na montanha molhada), 114
[Nada me convence mais da
    proximidade de Deus do que
    a ausência], 148
Nada, 368
[não é possível que], 237
Não faltam visões, 407
[Não faz tanto tempo], 236
[No árduo caminho para encontrar
    Tai-T'ien sem conseguir
    encontrá-lo], 339
No céu, 436
No lago, 197
No rosto, 389
No sopro da primavera, 415
[noites azuis], 256
[numa noite assim, ao vento, você], 102
Nuvem de luz, 335
O amor dos adormecidos, 331
[o amor que me arrasta pelo vento],
    252
(o barco), 126
O céu azul, 435
O coração se abre à sua terra, 348
[o desespero que se entranha], 248
O dia é uma ave, 434
O dia escurece, 452
[O fiorde se eleva entre], 125
O homem velho, 356
O menino morto, 215
Ó minha alma cantante, 424
O morador da casa azul, 216
(o oceano), 134
[O pássaro tem tanta terra], 121
O pulsar do seu coração, 447
O que não é, 208
[o que vimos], 241
O ruído da urze, 425
O silêncio, antes de alguém chegar, 186
[o sol vai brilhar], 260
Oh ele sorri, 453
Oh mas o que é isso agora, 385
Olhos ao vento, 201
Olhos celestiais, 198
(onda), 132

Ondas constantes, 346
Ondas de amor, 429
Os anjos não veem a dor, 439
[os dias vão desaparecer], 257
Os movimentos dela, 354
Os nossos dias, 182
Os olhos de uma criança, 341
Paisagens horizontais, 449
Paixão, 188
Para eu sussurrar nos seus ouvidos,
    445
Para o anjo o tempo, 392
Partir, 367
[Passa o tempo], 101
Pedra sobre pedra, 358
Pedra, 214
(pise com cuidado), 122
Poder partir, 362
Pois só a loucura não ousa, 411
Por exemplo, 222
Por três noites, 446
Porque depois que os passos dele,
    413
Pouco maiores que as asas de um
    inseto, 440
Prece, maldição, 205
(preto), 111
Primeira canção da guarda, 321
Primeira canção das estrelas, 307
Primeira canção do barco, 306
Primeira canção do cão, 297
Proteção aflita, 337
Pura decadência, 179
[Quando a música calou e fiquei
    novamente sozinho], 146
[quando alguém mais chega], 105
Quando o coração é música, 384
Quando uma alma outra alma, 397
[que permanece], 238
[quem agora é que precisa de ajuda],
    139
[quem é que escreve, sou eu], 107
[Quero escutar os anjos que vêm dos
    meus amigos mortos], 95
[Reme meu mar], 268

464

Rigidez, 180
Rio no céu, 344
Sangue cheio de água, 400
(sapatos vermelhos), 149
Segunda canção da guarda, 322
Segunda canção das estrelas, 318
Segunda canção do barco, 313
Segunda canção do cão, 298
Seja bem-vindo, 364
Sem pensar, 394
Sempre diferente, 361
Seu cabelo que cedo, 391
Seu lago azul, 199
Sim tão linda como um sonho, 409
Só a canção contém meu coração, 450
Sob o estreito vão do firmamento,
    402
[sob os olhos reluzentes do céu], 258
Sopra vento, 419
Strandebarm, Hardanger, 191
Sua mão na chuva, 202
[Tantas noites e tantos dias], 246
Tanto tempo desde os outros, 210
(tão bela vestindo cinza), 168
(tão semelhante a uma lua), 163
[terra e água], 98
Todos estão vendo, 226

Tudo, tudo e então tudo, 412
Um dia a sombra, 382
Um dia perdido, 213
[um dia quando a escuridão não for
    aparente], 232
[um dia], 278
Um espírito se oculta, 448
Um estreito sempre revolto, 200
(um menino que chorava), 140
Um para o outro, 340
Um rosto se abre, 352
[um velho], 259
[um vento], 240
Um vento silencioso, 349
Uma criança que existe, 211
Uma ilha, 347
[Uma janela conta], 234
Uma montanha na paisagem, 332
Uma onda se eleva, 433
Uma velha escavação, 212
Vãos entre o cascalho, 175
[veja o barco no ritmo], 123
Velha chuva, boa, 190
[Vento e sol], 266
[viviam tranquilamente], 280
[você é tão notável], 261
[você sob a luz do seu rosto], 167

Copyright © Dikt i samling, Det Norske Samlaget, 2021
Publicado em acordo com Winje Agency e Casanovas &
Lynch Literary Agency
Copyright da tradução © 2024 Editora Fósforo

Esta tradução foi publicada com o apoio financeiro da NORLA,
Norwegian Literature Abroad.

Todos os direitos reservados. Nenhuma parte desta
obra pode ser reproduzida, arquivada ou transmitida de
nenhuma forma ou por nenhum meio sem a permissão
expressa e por escrito da Editora Fósforo.

Título original: *Dikt i samling*

DIREÇÃO EDITORIAL Fernanda Diamant e Rita Mattar
COORDENAÇÃO DA COLEÇÃO E EDIÇÃO Tarso de Melo
COORDENAÇÃO EDITORIAL Juliana de A. Rodrigues
ASSISTENTE EDITORIAL Rodrigo Sampaio
PREPARAÇÃO Mariana Donner
REVISÃO Eduardo Russo
DIRETORA DE ARTE Julia Monteiro
PROJETO GRÁFICO Alles Blau
EDITORAÇÃO ELETRÔNICA Página Viva

A marca FSC® é a garantia de que
a madeira utilizada na fabricação
do papel deste livro provém de
florestas gerenciadas de maneira
ambientalmente correta, socialmente
justa e economicamente viável e de
outras fontes de origem controlada.

Dados Internacionais de Catalogação na Publicação (CIP)
(Câmara Brasileira do Livro, SP, Brasil)

Fosse, Jon
    Poemas em coletânea / Jon Fosse ; tradução do
norueguês Leonardo Pinto Silva. — 1. ed. — São Paulo :
Círculo de Poemas, 2024.

    Título original: Dikt i samling.
    ISBN: 978-65-6139-002-6

    1. Poesia norueguesa I. Título.

24-211127   CDD — 839.821

Índice para catálogo sistemático:
1. Poesia : Literatura norueguesa   839.821

Aline Graziele Benitez — Bibliotecária — CRB-1/3129

circulodepoemas.com.br
fosforoeditora.com.br

Editora Fósforo
Rua 24 de Maio, 270/276, 10º andar
01041-001 — São Paulo/SP — Brasil

Que tal apoiar o Círculo e receber poesia em casa?

O que é o Círculo de Poemas? É uma coleção que nasceu da parceria entre as editoras Fósforo e Luna Parque e de um desejo compartilhado de contribuir para a circulação de publicações de poesia, com um catálogo diverso e variado, que inclui clássicos modernos inéditos no Brasil, resgates e obras reunidas de grandes poetas, novas vozes da poesia nacional e estrangeira e poemas escritos especialmente para a coleção — as charmosas plaquetes. A partir de 2024, as plaquetes passam também a receber textos em outros formatos, como ensaios e entrevistas, a fim de ampliar a coleção com informações e reflexões importantes sobre a poesia.

Como funciona? Para viabilizar a empreitada, o Círculo optou pelo modelo de clube de assinaturas, que funciona como uma pré-venda continuada: ao se tornarem assinantes, os leitores recebem em casa (com antecedência de um mês em relação às livrarias) um livro e uma plaquete e ajudam a manter viva uma coleção pensada com muito carinho.

Para quem gosta de poesia, ou quer começar a ler mais, é um ótimo caminho. E para quem conhece alguém que goste, uma assinatura é um belo presente.

CÍRCULO DE POEMAS

LIVROS

1. **Dia garimpo.** Julieta Barbara.
2. **Poemas reunidos.** Miriam Alves.
3. **Dança para cavalos.** Ana Estaregui.
4. **História(s) do cinema.** Jean-Luc Godard (trad. Zéfere).
5. **A água é uma máquina do tempo.** Aline Motta.
6. **Ondula, savana branca.** Ruy Duarte de Carvalho.
7. **rio pequeno.** floresta.
8. **Poema de amor pós-colonial.** Natalie Diaz (trad. Rubens Akira Kuana).
9. **Labor de sondar [1977-2022].** Lu Menezes.
10. **O fato e a coisa.** Torquato Neto.
11. **Garotas em tempos suspensos.** Tamara Kamenszain (trad. Paloma Vidal).
12. **A previsão do tempo para navios.** Rob Packer.
13. **PRETOVÍRGULA.** Lucas Litrento.
14. **A morte também aprecia o jazz.** Edimilson de Almeida Pereira.
15. **Holograma.** Mariana Godoy.
16. **A tradição.** Jericho Brown (trad. Stephanie Borges).
17. **Sequências.** Júlio Castañon Guimarães.
18. **Uma volta pela lagoa.** Juliana Krapp.
19. **Tradução da estrada.** Laura Wittner (trad. Estela Rosa e Luciana di Leone).
20. **Paterson.** William Carlos Williams (trad. Ricardo Rizzo).
21. **Poesia reunida.** Donizete Galvão.
22. **Ellis Island.** Georges Perec (trad. Vinícius Carneiro e Mathilde Moaty).
23. **A costureira descuidada.** Tjawangwa Dema (trad. floresta).
24. **Abrir a boca da cobra.** Sofia Mariutti.
25. **Poesia 1969-2021.** Duda Machado.
26. **Cantos à beira-mar e outros poemas.** Maria Firmina dos Reis.
27. **Poema do desaparecimento.** Laura Liuzzi.
28. **Cancioneiro geral [1962-2023].** José Carlos Capinan.
29. **Geografia íntima do deserto.** Micheliny Verunschk.
30. **Quadril & Queda.** Bianca Gonçalves.
31. **A água veio do Sol, disse o breu.** Marcelo Ariel.

PLAQUETES

1. **Macala.** Luciany Aparecida.
2. **As três Marias no túmulo de Jan Van Eyck.** Marcelo Ariel.
3. **Brincadeira de correr.** Marcella Faria.
4. **Robert Cornelius, fabricante de lâmpadas, vê alguém.** Carlos Augusto Lima.
5. **Diquixi.** Edimilson de Almeida Pereira.
6. **Goya, a linha de sutura.** Vilma Arêas.
7. **Rastros.** Prisca Agustoni.
8. **A viva.** Marcos Siscar.
9. **O pai do artista.** Daniel Arelli.
10. **A vida dos espectros.** Franklin Alves Dassie.
11. **Grumixamas e jaboticabas.** Viviane Nogueira.
12. **Rir até os ossos.** Eduardo Jorge.
13. **São Sebastião das Três Orelhas.** Fabrício Corsaletti.
14. **Takimadalar, as ilhas invisíveis.** Socorro Acioli.
15. **Braxília não-lugar.** Nicolas Behr.
16. **Brasil, uma trégua.** Regina Azevedo.
17. **O mapa de casa.** Jorge Augusto.
18. **Era uma vez no Atlântico Norte.** Cesare Rodrigues.
19. **De uma a outra ilha.** Ana Martins Marques.
20. **O mapa do céu na terra.** Carla Miguelote.
21. **A ilha das afeições.** Patrícia Lino.
22. **Sal de fruta.** Bruna Beber.
23. **Arô Boboi!** Miriam Alves.
24. **Vida e obra.** Vinicius Calderoni.
25. **Mistura adúltera de tudo.** Renan Nuernberger.
26. **Cardumes de borboletas: quatro poetas brasileiras.** Ana Rüsche e Lubi Prates (orgs.).
27. **A superfície dos dias.** Luiza Leite.
28. **cova profunda é a boca das mulheres estranhas.** Mar Becker.
29. **Ranho e sanha.** Guilherme Gontijo Flores.
30. **Palavra nenhuma.** Lilian Sais.
31. **blue dream.** Sabrinna Alento Mourão.

**CÍRCULO
DE POEMAS**

Este livro foi composto em GT Alpina e
GT Flexa e impresso pela gráfica Ipsis
em julho de 2024. Tudo que
já foi, tudo que se vai e
permanece como palavras.